大夏书系·作文教学

会写作的教室

让孩子成为爱写作的天使

吴 勇 著

华东师范大学出版社

ECNUP 全国百佳图书出版单位

·上海·

图书在版编目（CIP）数据

会写作的教室：让孩子成为爱写作的天使 / 吴勇著 . —上海：华东师范大学出版社，2021

ISBN 978 - 7 - 5760 - 1899 - 8

Ⅰ . ①会 ... Ⅱ . ①吴 ... Ⅲ . ①作文课—教学研究—小学 Ⅳ . ① G623.242

中国版本图书馆 CIP 数据核字（2021）第 118633 号

大夏书系·作文教学

会写作的教室：让孩子成为爱写作的天使

著　　者	吴　勇
策划编辑	卢风保
责任编辑	张思扬
责任校对	杨　坤
封面设计	淡晓库

出版发行	华东师范大学出版社
社　　址	上海市中山北路 3663 号　邮编　200062
网　　址	www.ecnupress.com.cn
电　　话	021 - 60821666　行政传真　021 - 62572105
客服电话	021 - 62865537
邮购电话	021 - 62869887　地址　上海市中山北路 3663 号华东师范大学校内先锋路口
网　　店	http://hdsdcbs.tmall.com

印 刷 者	北京季蜂印刷有限公司
开　　本	700×1000　16 开
插　　页	1
印　　张	14
字　　数	187 千字
版　　次	2021 年 7 月第一版
印　　次	2021 年 7 月第一次
印　　数	6 100
书　　号	ISBN 978 - 7 - 5760 - 1899 - 8
定　　价	49.80 元

出 版 人	王　焰

（如发现本版图书有印订质量问题，请寄回本社市场部调换或电话 021-62865537 联系）

目录

自序　缔造一间"会写作的教室"

从教以来，小学写作教学一直是我的专业发展方向。从乡村到城镇，从苏北到苏中，从苏中到苏南，从苏南到省城，岁月交替，单位变更，但带班教师的身份没有变，当一名会教写作的语文教师的愿望没有变，造一间能让学生感到温暖而惬意的"写作教室"的信念没有变。

一

吴老师，真的是您吗？我找了您很多年。我是当年三乙班的学生吴加胜，如果是您，能否有空给我回一封邮件，留个联系方式？我的电子邮箱是js***@188.com，谢谢。如果不是，那打扰了，还请您原谅。

这是我新浪博客上的一则留言。吴加胜是我所教的第一届学生。当时的三乙班只有三十来个学生，多半来自另外两所撤并的初小。在当时的苏北乡村，民办教师还是"主力军"，孩子们满嘴方言，一开口读书就像唱歌，一动笔写字就歪歪扭扭，与我心中的"理想学生"落差巨大。

改作文是一周工作中最为艰涩的，大多数学生连基本的语句都写不完整，错别字连篇，有的孩子为了逃避"作文"，干脆藏起了习作本。怎么办？我采取了最笨的办法，和学生一起来"写作文"。不写不要紧，一写下去，就有了"心虚"的感觉：有些习作，自己也写不下去，自己也写不具体。

笨人自有笨办法。我从学校图书室找来几本小学生优秀作文选，仔细阅读，逐句模仿，尽量去适应学生的言语表达特点。一来二去，我逐渐有了小学生的"语感"，也渐渐触摸到小学生的习作之难，特别是刚刚学习写作的农村小学生之难。

学生习作中存在掺杂方言的现象，我就利用课堂语文学习引导学生多读多背规范的教材语言；学生词语贫乏、错别字较多，我就在每次习作前给他们提供一定数量的词语。寒来暑往，我所执教的班级几乎没有唱读的学生了，每个学生的习作都能文通字顺了，连一向不愿意交习作本的几个孩子，在我的"下水文"启发下，每次习作都能写上大半页。

20世纪90年代初期，课程改革尚未提及，但我意识中已经有了"语文实践"的概念。春天，我总是以"写作文"的名义将孩子们带到几公里外的庆余村桃园去看桃花。上千棵桃树，灿烂一树，粉红一簇，烟霞一片，孩子们在桃树下观察、触摸、闻嗅，笑声在春光里荡漾。秋天的清晨，我领着孩子来到乡镇的最高建筑——信用社大楼上俯瞰田野，近处是一层赶着一层的金色稻浪，远处是白絮星星点点的棉田，再远处是秀尽最后一丝葱郁的桑田。晨雾中，朝霞里，熟悉的生活竟这般旖旎多姿。为了让孩子们写好芦苇，我骑着自行车，辗转乡间各条河沟，寻找刚刚破土而出的芦笋，拔起剑叶横生的苇秆，抽出已经伸出杆顶的芦花。我的习作课堂，总是从孩子们耳熟能详的事物开始，总是从细微的课堂观察起步。几年间，在这间朴素的"写作教室"里，乡村孩子们的一篇篇习作登上全国各地的少儿教辅刊物，当年有个叫薛海燕的小女孩，至今还珍藏着她人生中的第一张稿费单。

从那时起，我就深深懂得，农家孩子尽管厮守着四季田野，但没有经过课堂上的观察训练，再美好的生活也变不成方格里的文字。习作课，首先是生活观察课，然后是优秀范文欣赏课，最后才是语言文字表达课。在这间简陋的乡村"写作教室"里，我获得了关于写作、关于写作教学最朴素的道理。

二

五年后，我调进了县城的实验小学。写日记，是这所学校习作教学的常态。每天的教学生活，都是从评阅学生日记开始的。日复一日的文字"劳作"，让大多数学生疲于应付，写出来的日记平淡如水，空话连篇，神怪横生，这已经成为那个时代高年级学生日记的常态。

"日记"到底"记"什么，应当如何来"记"，成了我"振兴"班级日记的起点。通过与学生聊天，我了解到学生普遍觉得日记没啥可写。教室明明就是一个丰富的"故事剧场"，学生每天身不由己地穿梭于各种"故事"之间，自由切换着各种角色，为何还觉得没有"故事"可写？

于是，我让学生了解什么是"日记"——可以把自己当作主角，也可以把自己当作"旁观者"，写出自己亲历的"小故事"，"小"到别人可以忽略不计，"小"到只有自己在乎。"日记"有了清晰的定位，学生写作就有了具体的方向——视线向下看，向自己身上看，向自己周围看，日记素材自然源源不断：

——周杰瞧见脚下有一张废纸，生怕被值日生发现，连忙用脚轻轻一勾，废纸飞向了隔壁的朱文哲。朱文哲发觉脚下有动静，瞪了周杰一眼，脚一拐又把废纸"传"了出去，废纸不紧不慢地落在前排李长金脚下。"讨厌的废纸！"他似乎十分生气，又用脚"递"给了右方的吉丽。吉丽正用脚做无声的"格房"游戏，突如其来的废纸扰乱了她的兴趣，她毫不犹豫一脚"铲"了出去……（节选自解芸的《废纸旅行记》）

——曹丞相，如果我是您，先组成几个巡逻队，布置多道防守线，并且不分昼夜巡查，任何试图靠近我方战船的船只，在经过第一道防守线时，就立刻进行狙击，并通过号角预警，让整个船队做好战斗准备。再者，派便衣从民间招收熟悉水性的高手，对八十万大军分批进行日夜不间断的训练。等时机成熟，便先下手为强，分三队进攻。四分之一兵力从左侧进攻，吸引东吴兵力围攻；再派四分之一兵力从右侧包抄，策应左翼作战。我则亲率主力部队在江上静观局势，等双方处于胶着状态，便立刻杀出，出其不意，从而轻而易举地夺取东吴。（节选自张雷的《给曹操的一封信》）

日记可以这么写，日记需要这么写！自己所观、所为、所想皆可成为日记内容，"所观"有多细微，"所为"有多细致，"所想"有多细密，日记里的文字就会呈现出多么丰富的细节。

每每遇到这样接地气、贴近生活的日记，我都会在课堂上大声朗读，并且印发给每个学生进行赏读。每天晨读，这成为班级的"保留节目"，也成为每个学生最为期待的时刻。家长经常问孩子："你的日记被吴老师读了没有？"学生经常问我："吴老师，我的日记什么时候可以印一下？"

"写作教室"已经初具规模，写好日记蔚然成风，优秀日记如雨后春笋。于是，我将这些优秀日记投稿给当地晚报，还将全国各地少儿刊物的通联方式印发给全班学生，只要他们的日记在班里被推荐，就可以自主投稿。两年后，全班学生发表习作达50余篇，在各级征文竞赛中获奖的有20余篇。

为了维持学生写日记的动力，在家长的支持下，我引导班上日记写得比较出色的学生"再往前走一步"：筛选各自的优秀日记，编辑成册，印成"日记书"，全班人手一册。当作者看到自己的日记印成"书"后，写作信心与热情倍增，准备印第二册；当其他学生读到同学的"日记书"，羡慕不已，纷纷准备印刷自己的"日记书"。直到现在，我书柜里还有一层专门摆放着学生当年印制的"日记书"。

从那时起，我便对班级"写作教室"创建有了一个基本的认知：对学生而言，从来不缺乏写作素材，他们缺乏的是写作动力；对教师而言，班上从来不存在厌恶写作的学生，缺乏的是对学生内在写作热情的召唤，对维持学生写作热情策略的深入思考。

三

吴老师，您教我们两年语文，难以忘记您陪我们度过的一个个用文字编织的节日：端午节，我们包粽子、吃粽子、写粽子，度过一个"欢乐的粽子节"；中秋节，吃月饼、赏月光、写思念，我们举行一个曼妙的"月光诗会"；春节，您又让我们用文字和照片记录一个充满民族味的"中国年"……

这是海门实验学校学生写给我的毕业赠言。2004年9月，我告别家乡，来到江海之滨的海门实验学校，所接的是一个五年级"拼班"。班上有32个孩子，他们来自全国各地。因为父母工作繁忙，他们在学校里全寄宿。那时，还没有实行传统节日的"小长假"，孩子们几乎都在学校里过节。每当遇上传统节日时，我没有像其他班级的教师一样，给每个孩子订一份"肯德基"了事，而是动员孩子们全家，让孩子们过一个有"家"、有"活动"、有"文字"相伴的节日。没有想到这竟然成为孩子们在这所学校里最深的留恋和最美的回忆。

每当传统节日来临之前，我总是在博客上发布活动"公告"，引发孩子们的参与期待；再以"告家长书"的形式，让每一位家长知晓活动，做好支持与配合工作。

"中秋"不期而遇，我让孩子们亲身体验"月文化"：

"举杯邀明月"——我们家的中秋节。采访父母亲朋，了解中秋的习俗民风；参与家庭中祭月、赏月等中秋活动，留心活动场面。

"千里共婵娟"——中秋祝福寄我情。为远方的亲人、朋友或者为身边的父母、老师、同学制作一份中秋贺卡，可以是纸质的，可以是电子的，精心设计祝福语；用手机编写一则中秋祝福短信，发给亲人、好友、老师。

"小饼如嚼月"——多彩月饼展示会。选择最有特色、最爱吃的一种月饼，查看商品说明，了解它的制作材料，亲口品尝，了解它的滋味；在班级举行一次"多彩月饼展示会"。

"端午"悄然临近，我和学生一起徜徉在关于节日的"主题写作"活动中：

主题一：推介"端午"

写作内容：之一，在中国文化国际交流会上，有一位外宾对中国的端午节非常感兴趣。如果你就在现场，你会怎样向他介绍呢？请为你的发言撰写一篇解说词。之二，为了让更多的人了解"端午"，请你为端午节设计一条公益广告语。

主题二：欢乐"端午"

写作内容：以"我的粽子诞生记"为题，介绍自己制作第一个粽子的经历，与伙伴、亲人分享自己的快乐。

主题三：品味"端午"

写作内容：之一，给自家的粽子起一个名字，写一篇"粽子说明书"；之二，以"粽子展评会"为题，写一篇新闻报道，宣传我们班的活动。

为了让每个学生与节日有更深刻的接触，我常常要求他们制作"体验清单"：或采访，或拍摄，或制作，或展示，让每个学生全身心浸入节日场景，融入言语角色。体验越通透，素材蓄积就越丰厚，笔下的文字就越发具体清楚。

在节日主题系列写作活动中，文字缩短了亲人之间的距离，缓解了亲人之间的思念之苦。每次活动，家长都能借助网络全程参与，并即时保持互动。他们通过发在班级博客以及自己电子邮箱里的一篇篇习作和一张张图片，享受着"天涯咫尺"的亲子之乐。

"写作教室"引领我、学生、家长在这一个个充满民俗文化的农历天空下穿行，经历着一个个"放牛班的春天"，封闭而平淡的学校生活由此增添了绚丽的色彩，烦恼而枯燥的写作变成了无比渴望的期待。两年过去了，我和这群可爱的学生一起构筑了"农历文化习作课程"。在真诚的写作中，在用文字搭建的交往里，我与学生以及家长缔结了深厚的情感，我们彼此相伴，彼此相依，有不少孩子即便是星期天也不愿意与我分离，像"小尾巴"一样争先恐后地跟着我回家。后来，他们陆续上了初中、高中。依然在海门实验学校就读的孩子熟知我的作息，常常利用晚自修前一段时间，气喘吁吁地跑到五楼找我倾诉，与我分享；分布在其他学校的孩子，经常周末成群结队到我家来探望。

"写作教室"里不应只有纯粹而功利的写作学习，还应当搭建真实的言语交往，将写作放置在一个个充满烟火气息的生活场景中、民俗文化中，让学生充分发挥语言文字的交往功能，开展介绍、说明、展示、宣传、分享等真切的写作活动，在学生之间、师生之间、亲子之间、家校之间构筑一座座温暖而友善的桥梁。

四

吴老师，我是顾明月。现在您在哪个学校？您不在"新一"（无锡新区第一实验学校）了，我们想回去看您都不知道去哪里了。您能给我个地址吗？大家挺想去看看您的！

一个阳光灿烂的下午，我收到了这样一条温暖的短信，将我的记忆拉回到无锡新区那两年短暂的教学生涯。因为不习惯教育局机关枯燥的"坐班"生活，我主动要求到直属学校担任一个班的语文教学工作，学校安排我教六（5）班语文。这个班有些学生习作水平很不错，但学校地处新区，生源复杂，"贫富"落差很大，班上的"写困生"接近三分之一。

每次批改习作，我都将习作本分成两堆：一堆优秀的，改过去春光无限，神清气爽；一堆较差的，批下去心烦气闷，愁绪满怀。面对眼前的"冰火两重天"，我内心充满焦灼：怎么在短时间内缩小落差，实现均衡发展？

既然班里习作优等生比较多，我何不发挥优势，让他们成为习作教学的课程资源？于是，我放弃一贯的"作前指导"路数，让学生先写作后指导。

每到周末，我结合教材习作，联系学生当下生活，采用"命题作文"的方式布置学生在双休日完成一篇习作。星期一，我将学生习作中出现的"优质"段落分门别类，输入电脑，排版打印，在星期二的习作课上人手一份，习作教学就此展开。譬如写一种美食，围绕"滋味"描写，我挑选了不同学生的三个习作片段：

臭豆腐还没有到我嘴边，一股浓郁的香味就轻轻地抚摸着我的鼻子、嘴唇，让我欲罢不能；我迫不及待地蘸上辣酱送进口中，一股辣辣的、香香的，还有点臭臭的味道就像一支声势浩大的联合军队暴风骤雨般占领了舌尖，游荡在口腔，让一切余味纷纷缴械投降；紧接着它们穿过我的食管，马上会感觉有一个个顽皮的小精灵在脖子中给我"按摩"，顺滑鲜爽，臭豆腐里层的汤汁威力终于爆发了！（节选自张澜译的《臭豆腐》）

biáng biáng 面不但做法霸气，而且味道也享誉"食界"呢！"啊哇"一口下去，各种味道都涌了上来：首先是油泼辣子的鲜辣味争先恐后，又麻又香，好似一条调皮的火龙在我神经里游走，将辣味的热情奔放传遍我全身的每一个角落；紧接着，涌上来的是牛肉的鲜香，一块酥烂的牛肉在我的口腔里，只要稍稍一动，一股挡不住的鲜嫩美味就会溢满口腔；最后，涌出的是蔬菜的清新，这味道仿佛是一位绿色清洁工，一下子清除了刺激的鲜辣和牛肉的油腻，让口腔重现生机。（节选自薛天棋的

《biáng biáng 面》)

无锡小笼包个头很小，吃它时要先轻轻咬一小口，轻轻一吸，一股鲜美甜美的汤汁立刻荡漾在口中，此刻你就像一位得道的神仙，在味觉的世界里腾云驾雾。可我们上海的小笼包就不同了，它的皮更薄，用舌头顶一下包子皮，里面的肉汁就像山洪暴发一样，一下撞开我的口腔，一股咸鲜的葱香立马包裹住我的舌尖，让我想起了外婆用大火在煮的一锅喷香的红烧肉，即便这时有一巴掌打过来，我也舍不得吐掉嘴里的肉馅。(节选自于丰豪的《上海小笼包》)

当学生读到这三段文字时，都有"垂涎欲滴"的快感。沿着这份"快感"，和学生一起发掘藏在语段背后的"言语密码"：第一段写滋味，抓住美食在不同部位滋味不停变化的言语结构，师生一起为写法命名——"运动变化法"；第二段，则从食材出发，将有代表性的食材先列举出来，再按照从浓郁到清淡分层显现出来，美其名曰"列举分层法"；第三段，将不同地域的同列美食进行对比，姑且叫作"同列对比法"。在轻松的对话中，无论是作者，还是参与讨论的同伴，都不约而同地对"滋味"的写法有了清晰的感知，掌握了将滋味"写具体"的法宝。学生带着这三种鲜活的表达方法，修改自己的习作。六（5）班的习作第一次实现了班级"均衡"，整体步入了"小康"。

短短一年里，我运用"同伴导引"，带领学生进行了32次"作后讲评"，帮助不同层次的学生获得各种文体习作化难为易的"班本写作秘诀"，全班学生习作水平有了较大幅度的提升。

"班本写作秘诀"是一个班级"写作教室"里的核心技术，一旦形成，班级习作训练就有了良性的"机制"，习作教学就有了基本的"样态"。所以，我想和所有带班的语文教师说，不要总是抱怨自己的学生"写作基础差"，也不要将学生"写作基础差"作为自己教学无能与无为的挡箭牌，要善于放大和利用班级那些"存量"很小的优质写作资源，以此为基础，进行言语密码的探寻，让一个人的"优秀"带动一个班的"优秀"，发展为一个年级的"优秀"。

在这样的"写作教室"里，优秀的习作者因为给大家创造了"优秀"，所以在集体中更加自信，更有担当，从而萌生出不断创生优质言语的愿望；那些遭遇言语堵塞的习作者，因为从别人的"优秀"发现了化解言语困境的秘诀，因此写作技能有了长足的提升，他们在集体里感受到温暖的力量，从此不再畏惧写作。

这三十年，感恩生活，让我遇见一个又一个特点鲜明的班级，让我拥有了一间又一间温暖的"写作教室"；感恩生活，让我渐行渐近地发现了"写作教室"里的秘密：首先，有源自"田野"的"班本习作课程"；其次，每个学生都有良好的观察习惯，都有不竭的写作动力，都是习作教学最丰富的课程资源。

第一章

寻根究底的本原剖析

一间"会写作的教室"，应当自觉将科学的儿童观、前瞻的写作理论作为它透明的"屋顶"。有了这样的"屋顶"笼罩，教室里才会洒满人性的光芒，洋溢着写作的幸福；教室里才能生长出茁壮的"班本"写作课程，引导学生成为爱写作的天使。

《皇帝的新装》里的小男孩在哪儿

曾在小学作了一个调查，在问卷中有这样一个题目："在写人的习作中，你最不喜欢写谁？"这一项的统计结果显示，不喜欢写老师的占七成以上。照理说，老师与儿童朝夕相处，他们之间最为了解，他们之间最有故事，可事实的数据为什么有悖常理呢？我不想去探讨当下的师生关系，只想站在习作教学的视角体察这一现象背后"教"的现实。

我曾执教过苏教版小学《语文》五年级上册中的"习作1"——"在教过你的老师中，选择其中的一位，可以写写他在某些方面的特点，也可以写他帮助你、教育你的一两件事"。有不少孩子写的就是我，不少语句依然历历在目：有的孩子称"吴老师有一双圆圆的大眼睛，炯炯有神"（我眼睛不大，而且戴着眼镜）；有的孩子写"吴老师一笑起来，嘴巴两侧就出现小酒窝"（我对镜端详，的确没有这么萌）；有的孩子竟然写"熬夜改作业，眼睛里布满了血丝"（我一般都在白天处理完作业）。如此种种，读着不是一种陶醉，而是觉得自己辜负了孩子们的"期望"，汗颜不已。再读读孩子们写其他老师的习作就不足为怪了，男老师几乎都有"一双炯炯有神的大眼睛"，女老师基本上都是"樱桃小口"；所写的事情中，不是老师的眼睛会说话，就是老师下雨天送"我"回家，雨夜为"我"补课。这些题材，我在读小学时就从优秀作文选中套用过，没想到几十年过去了，当下的儿童还在继续用，不知道是否像某品牌热水器的广告说的那样——"你还想要用一个世纪？"的确，要把寻常生活中的"人"塑造成完美无缺的"神"，可谓用心苦，堪比蜀道难！

立诚，是习作教学的基本要求；说真话，是儿童的言语天性。面对学生习作中的种种"物是人非"，我们不禁要问：习作教学到底"教"了什么，让《皇帝的新装》里的小男孩不知所踪？

我们不妨把视角拉回到本次习作中。本次习作一方面要求学生写老师"某些方面的特点"，这里的"特点"无论表现在外貌上还是品格上，肯定是"闪光点"，因为教师的形象必须是高大的、高尚的，作为学生，只能"弘扬优点"，否则就是思想有问题。另一方面要求学生写老师"帮助你、教育你"的一两件事，注定了习作中的"我"总是以不守纪律、学习成绩差、没有好习惯的"问题学生"形象登场的，在"成全"教师谆谆教导、诲人不倦的高大形象时，儿童必定要自贬其身。儿童的精神姿态一旦"跪"下，写作就不再是童真的自由"表白"，而是言语的痛苦"制造"——凡是看到、听到的好人好事，都可以往教师身上凑；将理想世界中的教师形象硬生生地往现实世界的真人身上套。就这样，教师走出了平凡的生活场景，登上了虚幻的言语神坛！

"童心"是儿童言语的核心价值，"童年"是儿童言语的核心内容。离开了"童心"和"童年"的言语，就不能称之为"儿童言语"。可是在我们的习作教学中，为了追求言语内容的"健康向上"，以"教"的名义，将真实的儿童生活朝着成人想象的目标无限拔高，致使儿童的言语与"即时性"生活越来越远，失去了应有的生机和活力；以"教"的手段，竭力追求儿童言语表达的技巧，用成人眼中的"好词佳句"代替儿童心中的"童言稚语"，致使童心世界无法向真实的习作生活敞开。很多时候，我们以为童心打开了，放飞了，可是真实的儿童世界却波澜不惊；我们以为教学直指儿童生活，却与真实的童年世界渐行渐远。当成人腔调在儿童的言语世界中成为主流时，儿童言语精神就会日趋萎缩，最终从言语中彻底剥离，成为无源"死水"，无本"枯木"。这时，习作教学对于儿童言语和儿童精神来说，就不是一种成长和促进，而是一次侵略和占领。

其实，写"老师"并不难，习作教学只要把"老师"放在一个普通的习作对象位置上实施指导就行了，儿童只要把"老师"当成自己故事中的一个人物去尽情叙写就行了。其实，习作教学并不难，只要摆正教学姿态，让"教"贴近儿童的真实生活状态，接近儿童的言语发展需求，就会走得平实自如；只要解放儿童的言语精神，让儿童在写作中成为"儿童"，真情实感就会自然流溢，《皇帝的新装》中的小男孩就会比比皆是。

教材习作缘何成为"鸡肋"

  习作教材是语文课程的重要组成部分，可是一直广受诟病，对其批评甚嚣尘上。一些颇具影响的习作教学改革，都有推翻现有习作教材重起炉灶的举措，甚至有一些名师公开宣称："我从不教教材习作。"俨然，习作教材已经成为"鸡肋"：被习作教学改革不得不丢弃，被一线教师不得不依赖。那么习作教材为何走到如此尴尬的境地？

  一是教材已经走下了"圣坛"。新一轮课程改革之前，全国小语教材"一纲一本"，以人教版独打天下，所有的习作教学必须以教材为内容，按部就班，一旦教学出现偏差，就是教师"没有领会编者意图"，没有"充分调动儿童习作积极性"；大多习作教学改革都是以教材为逻辑展开，在充分尊重教材编排内容和结构体系的基础上进行改良和优化。记得20世纪90年代初期，我曾经在一篇稿件中质疑习作教材中的一个瑕疵，编辑部特地返回原稿，要求将这段"欠妥"的论述换掉，教材的地位由此可见一斑。随着新世纪的课程改革，小语教材形成了"一标多本"的局面，并赋予教师语文课程"建设者"的角色，在这种大背景下，教师对习作教材有了比较，有了选择，有了思辨，加之信息时代的到来，各种打破教材、凸显个性的习作教学改革传播迅猛，教材失去往日"一家独大"的传统优势，致使解构教材的声浪沸反盈天。

  二是教材几乎没有"教学内容"。纵观有影响的几种小学语文教材，有一个"集体性"缺陷：习作教材关注的几乎都是"写什么"，具体而清晰；至于"教什么"，含糊而笼统，这给习作教学带来了巨大的不便，也是影响当下习作教学实效性的一个根本症结所在。譬如语文版小语教材五年级下册中的"习作1"："神鸟和那些前来捉它的人之间可能发生哪些故事？想一想怎样把这个故事写清楚、写完整。通过这个故事，你想表达什么？"这是一篇想象故事类习作，对于儿童来说，如何打开想象的路径将故事"写具体""写完整"，这才是他们对课堂的希冀，这才是本次习作课最关键的教学内容，可是教材中只有笼统的达成目标，没有清晰的达成路径。教师要想成功实施本次教学，必须进行教学内容开发，而这恰恰是当下大多小学语文教师教学素养上的薄弱环节。

三是教材编排对系统连贯的"文体训练"不利。当下的习作教材基本是"拼盘式"的，每一册教材写作内容五花八门，训练项目包罗万象，同一种训练内容，常常分布在十几册教材中，譬如人教版"写人"的练习共有五次，平均每学期还不足一次。作为刚刚学习习作的儿童，每一种文体内容分布零散，每一次教学一曝十寒，这对能力的形成是不利的，也是与训练的本义相悖的。何为"训练"？《现代汉语词典》解释为："有计划有步骤地使具有某种特长或技能。"在写作中，"写人"和"记事"，"写景"和"状物"在技法上是有差别的，每种文体，不是光靠零打碎敲的几次训练可以达成的，需要有计划、有步骤地集中实施，才能初见成效。因此，很多学生小学毕业了还不会写人，不会记事，写不成一些基本文体的习作，就不足为怪了。

当习作教材对教师的教学素养过于依赖，有更多的教学元素需要教师担任"建设者"，当习作教材只是一个教学起点，与习作教学不是近在咫尺而是天各一方，当教材对绝大多数儿童的基本写作素养形成起不到一锤定音的功效，那么它沦为"鸡肋"的命运已经为期不远了。

知识和兴趣：习作教学的"双翼"

小学，是儿童写作的起步阶段，是儿童学习写作的黄金岁月。在这个时段，无论怎么强调习作兴趣的重要性，都不为过。如果在这个阶段，儿童不喜欢习作，甚至厌烦习作，将直接影响这个儿童形成基本的写作能力和素养，对一个现代人来说，其缺憾是难以估量的。

现在有不少一线教师认为，知识就是规范，在起步阶段讲"规范"，会破坏儿童的习作兴趣；知识就是限制，在起步阶段就"限制"，会束缚儿童的习作自由。其实他们将"习作要求"和"习作知识"这两个概念混淆了。"习作要求"指的是儿童完成一篇习作应该达到的底线目标，在习作终点；而"习作知识"是儿童为达到习作要求所运用的方法、策略、技巧等，在习作过程中。如果我们将一朵花美艳与否的责任指向它所在的枝蔓，而不是品种和基因，那么"责任主体"是不是严重偏移了？即便是"习作知识"运用不当，未能达到预定要求，那也不该归咎于"习作知识"，而是应当问责消费"习作知识"的写作者。

由此可见，儿童的习作兴趣缺失，绝对不是"习作知识"造成的阻隔；反而是儿童在习作过程中，缺乏"习作知识"，必然会消弭"习作兴趣"。

知识可以维持兴趣。儿童对一种事物产生兴趣，是因为事物的本身具有吸引力。习作靠什么来吸引儿童眼球呢？低端的做法，就是让习作教学具有娱乐性，在教学过程中充斥着游戏活动；比较高级的，则是让习作过程成为一种走向奇异的探究，而习作知识就是帮助儿童打开一扇扇神奇大门的钥匙，就是一架架将儿童引向尖峰体验的云梯。充裕的"习作知识"，让儿童在习作过程中始终保持着旺盛的热情和浓厚的兴趣。

知识更能提升兴趣。儿童对任何一种事物的兴趣都是暂时的，对习作亦然。如何能将儿童的"习作兴趣"从一篇习作引向另一篇习作，进而蔓延到所有习作，成为一种稳定的心理倾向？这就需要一个持续的动力系统。习作知识就是这个动力系统的核心要素。叶黎明博士认为："对于写作来说，没有绝对正确的知识，只有相对合适的选择，判断合适与否的关键，就是语境。""语境"有四个要素：谁在写，写给谁看，为什么写，写成什么样子。有"语境"的习作教学让平常的"任务式"习作变得有作为，有诉求，更有动力。构建"语境"背景下的习作教学，"习作知识"就会成为儿童实现交往诉求和言语作为的强大推手，此时，习作不再是他们外在的兴趣，而是内在的欲求。

其实，"习作兴趣"是"习作知识"折射力量的外在呈现，"习作知识"则是"习作兴趣"渐进形成的内在支撑。割裂它们，习作教学就会成为"跛脚的巨人"；对立它们，习作教学则会步入"混沌的世界"；连接它们，习作教学就能化身"飞翔的雄鹰"。

寻找写作核心素养落地的教学逻辑

"核心素养"的提出始于 2013 年 5 月启动的"中国基础教育和高等教育阶段学生核心素养总体框架研究"这个项目。历经四年，学生核心素养发展的总体框架和基本内涵已经敲定，剩下的就是通过具体的课程与教学落地转化了。可是，具体到语文学科，再聚焦到写作板块，将"核心素养"的六个方面进行学科性理解，这不仅需要语文教师具备厚实的学科素养，还需要拥有扎实的学科教学素养，使得核心素养在学科教学内容中充分体现，这是其落地与转化的逻辑前提。

当然，对于核心素养的落地与转化，更重要的逻辑是核心素养的教学化，让"核心素养"在具体的写作课程中可"教"可"学"，这才是语文教师当下迫在眉睫的教学担当。在写作核心素养落地的教学逻辑链条中，有几个环节不可或缺。

建构基于语用的写作知识。核心素养从来不是从天上掉下来的，其实它是有根基的，就是我们时常挂在嘴边的"知识"。在诸多学者关于"核心素养"的论述中，"知识"的作用被再发现，"知识"的地位被再回归。将写作知识看成儿童写作核心素养发展的土壤和源流，毫不为过。但是，不是所有的写作知识都能转化为儿童的写作核心素养。我以为走向核心素养的写作知识有两个条件：一是真实的知识，即指向儿童言语困境的言语知识；二是具体的知识，即儿童看得见、摸得着、用得上的言语知识。真实而具体的写作知识其实就是韩雪屏先生所倡导的"以语用为中心的动态语文知识"。脱离语用的写作知识，就是儿童"搬不动""带不走"的静态知识，是难以转化为儿童的写作核心素养的，是难以在儿童的写作实践中发力的。

实施基于语境的言语训练。关于知识如何转化为素养，王荣生先生给出了通道："语文教学的主要路径是语文实践。""语文实践"在写作教学中，其实质是言语训练。一提到训练，往往容易走向"机械"与"重复"。走向核心素养的言语训练，是基于"语境"的，即每次写作，儿童带着明确的目的，有适合的角色进入，面向真实的读者，写成具体的样式。在鲜活的情境中，写作不再是一项外在附加的任务，而是帮助儿童解决现实生活中所面临问题的手段和工具。在这样"有用"的言语训练中历练而成的写作核心素养，可以满足儿童个体生活的重要需求，可以帮助一个人在未来社会中实现各不相同的目标，解决不同情境中的各类问题。

培养基于意识的写作态度。在知识转化为素养的过程中，态度影响着落地的效率和质量。写作态度体现着一个儿童的写作兴趣、写作意志、写作习惯等，而支配写作态度的，其实就是一个人的写作意识。写作意识鲜明而强烈的儿童，一定有饱满的写作兴趣，一定有强大的写作意志，一定有良好的写作习惯。写作意识已经走出浅表的情绪状态，走向理性的写作认知，它是一个儿童稳定而持久的写作心向。所以，走向核心素养的写作教学，要竭力涵养儿童的写作意识，要努力将儿童的写作兴趣转化为写作意志，历练成写作习惯，最终发展成伴随他们一生的写作意识。

在由写作知识、言语训练、写作态度所构筑的写作核心素养教学逻辑中，写作知识是基础，言语训练是路径，写作态度是动力，他们彼此融合，互为因果，使儿童写作核心素养在课程和教学中落地与转化成为可能。

构建"可视"的习作教学过程

　　长期以来，习作教学一直处于"黑箱状态"。教材提出的习作要求是起点，习作任务的完成是终点，其中间的教学内容、教学过程，在教材中看不见，在教学中也看不见。习作教学的笼统模糊，一直是语文教学的瓶颈问题。统编版小学语文教材的使用，特别是教材中"习作单元"的出现，第一次从教材层面还原出一个清晰的习作教学过程。

　　教学目标的明晰化。统编教材的"习作单元"，似乎是打开习作教学"黑箱"的一把钥匙。本单元的语文要素，特别是写作要素，一目了然，给习作教学创设了一个清晰的教学目标。本单元的阅读和写作都指向这个目标，并为了实现这个目标，构建了由段落到篇章，从静态走向动态的层层推进、拾级而上的训练系统。

　　教学过程的显性化。"习作单元"其实就是从课程层面构建的一个完整习作教学过程，这是以往任何版本的小学语文教材都无法呈现的体例和格局。"习作单元"聚焦一个语文要素，即习作训练点，将"精读课文""交流平台""初试身手""习作例文""习作"融会贯通，从而使得"习作训练点"不断知识化，不断支架化，不断操作化，最终生长出具体鲜活的文字，显现在学生的具体习作中；最终形成"语力"，逐步优化和改善学生的言语结构，转化为他们的内在言语技能和综合表达能力。"习作单元"的教学实践过程，就是习作教学走向清晰化的轨迹，它将长期以来依赖教师搭建的教学目标和创造的教学资源，都回归到教材的建设之中；它将原本需要教师在教学设计中预设的教学坡度，都借助教材的铺陈一级一级地呈现在单元之中；它将原本借助教师开发的教学内容，都借助于"精读课文"和"交流平台"呼应凸显在明面，并转化为写作程序性知识和写作支架。由此可见，暗中摸索的习作教学"黑箱"已经彻底被打破，显现在"明里探讨"的训练层阶中，清清楚楚；使得教学运行过程和写作训练过程双线合一，扎扎实实。

写作训练的层阶化。在统编教材"习作单元"中，教材编写者，借助读写结合，将写作训练潜藏其中，贯穿其中。"精读课文"属于走向"写作"的阅读教学，阅读为写作做好转化性训练；对于本次习作的教学难点，"精读课文"充分发挥教材示范性功能，安排了模仿性训练；"初试身手"直指本次习作的重点目标，将目标细化为可操作的段落训练项目，进行针对性训练；"习作例文"则是选用不同风格的习作，将写作知识活性化，即同一种写作知识面对不同的习作对象和不同的表达目标，呈现出不同的言语风貌，力求让写作知识带得走，搬得动；"习作"则是一次综合性写作训练，从选材到立意，从构思到加工，展示完整的写作过程。转化性训练、模仿性训练、针对性训练、活化性训练、综合性训练，让习作教学的过程操作化，让习作训练全程化。

"习作单元"还原了习作教学的完整过程，还原了习作教学"读写结合"的本质，还原了一次面向全篇的习作训练所需要经历的训练基本环节。我们完全有理由相信，"习作单元"是小学写作教材独立化的前奏。

童年：儿童写作进行时

在《全日制义务教育语文课程标准》中，写作教学在小学阶段被称为"习作教学"，初中阶段被称为"作文教学"。课程定位，决定着习作教学具有内在的本质属性。再从习作教学的本体——儿童看，小学阶段是写作的起点，在此阶段形成的言语意识、言语品质、言语智慧直接影响着一个人的言语生命的可持续发展。可见，童年的言语表现，承接过去，映照未来，显示出独特的本体价值。因此，我确证，小学的"习作教学"，与中学的"作文教学"和大学的"写作教学"相比，一个重要的标志性特征就是"儿童写作"——以童年生活为广阔背景，以儿童文化为丰富源泉，以孕育一颗饱满"文心"为追求的教学，它不仅体现着一种教学理念，还隐喻一种教学方式，更成为一种美丽的童年生活姿态。

遗憾的是，这样的基本定位在小学语文界并没有成为共识。在当下的习作教学中，以写作知识技能达成为目标的习作训练大行其道，无视儿童的言语特征，漠视儿童的言语诉求，轻视儿童鲜活感的生活体验，将为人的"习作教学"异化为"习作制造"，更有甚者在处心积虑地建构写作训练系统，殊不知，儿童的言语一旦被"训化"，被"驯服"，他们的言语生命将从此香消玉殒，沦为"被写作"的言语机器。

回归习作教学的原点，认识"儿童写作"的本真，是我们当下习作教学的一条复归之路，更是一条复兴之路。

"儿童写作"让童年生命存在着。"言语使人成为人的存在"（海德格尔语），童年的确认在于童年的言语存在。"儿童写作"倡导儿童运用童年的"言语密码"进行表达：在言语内容上，面向儿童当下鲜活的生活和未来可能的生活；在言语形式上，适合儿童言语交往的需求；在言语技能上，以不丧失儿童"诗性"言语逻辑为前提。"儿童写作"凸显的是每一个生命个体"我"，叙述的是"我"的故事——"我"经历的故事，"我"发现的故事，"我"想象的故事，"我"创造的故事，"我"独特的故事；抒发的是"我"的感受——感动、同情、赞美、激动、兴奋、愤怒；选择的是"我"的方式——自述、推介、辩解、说明。在教学过程中，一切情境创设都是为了"相似唤醒"——推开童年的窗户，让广阔无垠的童年生活苏醒，纷至沓来；所有教学引导都是为了"敞亮心灵"——用一粒言语的火种，让教室里的生命个体相互点燃，相互照亮，相互传达。用童年表达童年，用童年滋养童年，用童年印证童年。正如马正平先生所言："写作就是缔造一种秩序，一种生存秩序，即人对自由生命秩序的创生和建构。""儿童写作"缔造的是儿童的言语秩序，建构的是儿童的言语生活；"儿童写作"的实质就是我手写我口、我口写我心、我写故我在。

　　"儿童写作"让童年精神生长着。在童年生态遭受破坏的今天，呵护童年，守望童年，已经成为一种积极的教育应对。而"儿童写作"有着更深远的追求，那就是发展童年，让童年精神不断生长。儿童研究学者陈恩黎在阿成的小说《两儿童》的评论中说："童年的世界柔软而又坚硬，清澈而又混沌，它孕育了人类的美好，也孕育了人类的邪恶。童真世界的舞台依旧演绎着人性的复杂和世间的万象。"的确，童年的精神里存在着挤压，充斥着抗衡，本属于童性中的"柔软""清澈""美好"如果不生长，就会被成人世界中的"坚硬""混沌""邪恶"所侵蚀，所同化。"儿童写作"就是要让童年不断修复——用写作引领儿童发现自己的童年，珍视自己所拥有的童年生活，用言语记录自己的童年历程；"儿童写作"就是要让童年渐进完善——习作教学除了让儿童用言语表现拥有的童年生活，还面向儿童应有的生活，甚至指向儿童可能的生活；"儿童写作"还要让童年走向茁壮——儿童言语因为童年滋养而灵动丰润，童年因为儿童言语的展现而鲜活丰厚，儿童言语在自主发展，童年世界在自发壮大。当一个儿童的童年世界强大起来，他的言语世界也随之枝繁叶茂，他的精神世界也拥有了辐射的力量。

"儿童写作"让童年生活丰富着。在儿童文化中，童话、游戏、活动缺一不可，这是"童之为童"的基本特征，是习作教学要走向儿童就无法绕过的三座桥梁；"儿童写作"要名副其实，就必须营建适合儿童言语生命的三种生活。"童话生活"让"儿童写作"充满磁场。童话会让习作教学品质发生鲜明的变化：一方面生成润泽的"习作场域"，改善了儿童步入习作教学的姿态；另一方面生成鲜活的"角色情境"，让儿童成为童话故事中的角色，不仅可以给儿童找到一个鲜明的表达对象，还可以激荡起儿童的言语源泉，写作的生涩就会自然转化为交往的自如。"游戏生活"让"儿童写作"饱含快乐。游戏是儿童当下的"即时性"生活，它蕴含儿童无限的情趣，寄予着儿童鲜活的体验，是习作教学的"源头活水"。儿童游戏在不断生成，习作教学的资源也在不断拓展。"活动生活"让"儿童写作"变得畅达。因为儿童自觉的理性意识以及抽象概括能力不发达或不成熟，相应地，感觉投入、动作参与、身体的直接体验则是他们连接自我与外部世界的基本方式。面向儿童的习作教学营造适合儿童的"活动本性"的教学生活，通过具体的"活动"让儿童的四肢和感官回归到生活状态，通过活动丰盈儿童的习作体验，通过活动为习作教学搭建起一个动感开阔的平台，通过活动在师生之间构筑起共同的言语世界。"活动生活"解放了儿童的肢体，"游戏生活"解放了儿童的精神，"童话生活"则给儿童营造了一个鲜活的表达情境，这三种生活互融互渗、相辅相成，构筑了"儿童写作"丰盈而温润的"母体"。

"儿童写作"让童年言语精彩着。网络改变了人类的生活，使传统的交往方式发生了质的变化。身处信息时代的儿童，强烈的好奇心，旺盛的参与欲，让他们裹挟其中，欲罢不能。习作教学要面向儿童，成为"儿童习作"，基于网络的现实不可避免。因此顺势而动，化被动为主动，变威胁为资源，在写作的内涵上突破局限，在写作的方式上与时俱进，是"儿童写作"应有的行走姿态。因此，我们应该引入"博客写作"，改善习作教学方式。通过博客的发表，培养儿童的读者意识——写作是为了分享，将自己的故事写给别人读，讲给别人听的。要让别人读得懂，就必须把意思写清楚、写明白；要让别人读得明白，就必须将内容写具体，写连贯；要让别人读得舒服，读得愉悦，就必须将文字写生动、写形象；要让别人读出感情，读出自我，就必须真心实意地写作，写出自己的真情实感。当儿童心中有了读者，写作就有了责任，笔下的文字便有了方向。通过博客评论，营造的是一个话语世界——以习作为载体，同伴之间、师生之间、亲子之间、教师与家长之间、成人与儿童之间实现了多维互动，不断进行着言语对话，不断进行着情感融合，不断生长着言语智慧。在这个话语世界中，儿童、教师、家长、伙伴都是自由的话语者，平等的交往者，真情的赞赏者，诚恳的建议者；在这个话语世界中，儿童习作不断走向完善，逐渐成为"作品"。我们还可以倡导"短信写作"，利用祥和的民俗文化节日——中秋、端午、重阳、春节等，发掘充盈时代气息的"当代节日"——父亲节、母亲节、教师节等，根据短信的语言特点，引导儿童写作祝福短信，字里行间，角度、基调、人称、语气、内容的选择，让每一次写作字斟句酌，充满着应对的智慧。博客写作、短信写作，让儿童的言语锤炼得更加精彩，让童年的精神彰显得更加精彩！

"所有真实的生活在于相遇，教学就是无止境的相遇。"（帕克·帕尔默《教学勇气》）"儿童写作"就是儿童精神和言语在教学中的一次次"相遇"。因为"相遇"，童年才成为一段独特的、不可再现的生活；因为"相遇"，写作在儿童生命中方才显现出不可或缺的价值。让"儿童写作"成为习作教学的原点，让"儿童写作"成为一个"写作人"的生命原点。

第二章

锲而不舍的质疑问难

∨

"写作教室",对学生而言,是一个生成写作兴趣、产生言语困境、化解言语窘境的写作学习空间;对教师而言,则是一个不断发现写作问题、不断建构教学理念、不断筛选写作策略的教学智慧生长天地。

透视儿童写作生态中的"言语异变"

作为语文教师，每天都能接触到形形色色的儿童言语。他们稚嫩而粗糙的文字，时常让我有一种心痛的感觉：原本柔美、丰盈、舒展的语言，在有些儿童的笔下变得那么坚硬、枯萎、窘迫；原本轻松、自如、愉悦的表达，在有些儿童的心中变得如此压抑、煎熬、痛苦！但是当我们潜心走进儿童的写作生态，透过教学常态下种种的儿童"言语异变"现象，就能深切体察到儿童言语世界的尴尬和困惑，就能真切地触摸到儿童言语世界中的伤痕和苦痛！

一、"运用"与"语境"

造句，是用一个词语去生发出一个语境，里面有汉字，有标点，有语法，有意蕴。一个造句简直就是一篇短小的习作。对于儿童来说，"造句"训练就是将他的言语素养放在一个显微镜下，语言积累、生活积淀、语感能力等微观的言语状况无不水落石出。遗憾的是，当下儿童的遣词造句能力非常糟糕，语意重复、搭配不当、成分残缺、标点错误、思想病态，无不显现出他们运用母语的水平低下。

教学苏教版国标本小学《语文》五年级上册《师恩难忘》一文，文中有三个成语——"娓娓动听""身临其境""引人入胜"，生动地描绘出田老师讲故事时的动人情景。我让学生用这三个词语写一段话，大约10分钟，孩子们纷纷交上了作业。一一读过去，让人有些瞠目结舌——

①语文课上，老师给我们布置了一个任务，这个任务就是让我们每个人上台把《珍珠鸟》的第四段读一遍。同学们个个引人入胜，该我了，我读得娓娓动听，同学们恍如身临其境，个个呆呆的。

②在演讲会上，小刚给同学们津津有味地讲故事。讲的是猴子吃瓜子。大家嘻嘻哈哈地笑着，仿佛身临其境。小刚非常兴奋，滔滔不绝，娓娓动听。故事讲完了，而同学们还在入迷呢，真是引人入胜呀！

③我小的时候，妈妈就买书读给我听，买的是杨红樱的《淘气包马小跳》。妈妈读得娓娓动听，好像身临其境，好像杨红樱的每一个故事都让人引人入胜。

文本虽然为儿童理解"娓娓动听""身临其境""引人入胜"提供了丰富而感性的语境，可是这三个词语一旦被儿童"切换"到另外一个语境，言语便失去文本中原有的鲜活和连贯，变得异常坚硬。在这言语迁移的过程中，到底流失了什么呢？这需要回溯到阅读教学的现状中来。词语教学，我们一直定位在"识记"和"解义"这两层目标上，很少带领儿童细细揣摩词语所在的语境，去感受词语在具体语境中所生发的独特意义和作用。就是这样片面而琐碎的教学，将词语从具体生动的语境中剥离出来，使其丧失了语感密码，成了一片片失去根基滋养的"落叶"，成了一颗颗散落在儿童言语世界中的"流星"。它们孤立而无着，即便能储存在儿童的言语皮层中，也是杂乱无章的；即便遭遇到现实的言语交际情境，儿童也不会自觉自如地运用。

要知道，句子不是儿童被动利用词语、依据语法规范的"生造"，而是儿童主动运用自身的言语感觉，为词语寻找匹配语境的"创造"！我们让儿童造句，就是引导他们为词语"找家"；我们让儿童写作，就是引导他们用词语去搭建一个充满生命意义的精神家园。所以在阅读教学的过程中，对于词语积累，我们必须借助丰富语境，使儿童对语意有一个形象化、生活化的理解；对词语所在的语境，我们要引领儿童悉心揣摩，反复迁移，使词语在儿童的言语世界中烙上语感的"密码"。只有这样，词语才能在儿童的精神世界中驻足，才能在儿童表达的过程中自如"闪现"。

二、"内容"与"思想"

用关联词语造句，是小学阶段经常性的语用训练。只要打开儿童练习本，这样的语句就会扑面而来，并有层出不穷之势。

"虽然……却……"：虽然这次考试没有考好，我却一点也没有泄气。

"即使……也……"：即使这次考试题目再难，我也要取得优异成绩。

"既要……也要……"：我们既要学好语文和数学，也要学好外语。

"如果……就……"：如果现在不努力学习，将来就不能承担起建设祖国的重任。

这些造句，看上去都挺好——思想内容健康，语句流畅，语法规范，读起来铿锵有力。但是一个班级大部分学生都用这样的语式造句，就会让人产生审美疲劳，不禁会有这样的疑问：儿童的生活多姿多彩，写出来的句子怎么都与学习和考试有关？造句的明明是儿童，怎么言语里充溢着成人的腔调？但如果细细反思一下当下的语文教育，我们就会为这样的言语现象找到根源。

在很多语文课堂上，影响我们教师教学的主要内容就是"考试"：考什么就教什么，什么内容考的频率高，教学就千锤百炼；什么内容不考，教学就走马观花，甚至置之不理。阅读教学自然不用说，就连习作教学，也把重点放在应试作文的写作上，在课堂上，传授的都是应试的技巧：怎样开头结尾，如何过渡点题，怎样选材出新等；在课后，则让儿童读范文、抄范文、背范文、仿写范文，儿童对写作原本的那份憧憬，早已被应试的滚滚大潮湮没！当教师满嘴是"考试"，儿童当然满脑是"考试",提笔造句,自然"考试""学习"之句滔滔不绝!尽管儿童的生活多姿多彩,尽管儿童的情感充盈丰富,但是在"考试"这张大网的遮蔽下,儿童精神世界的真诚和芬芳与儿童言语世界的干涸和枯萎成了两条互不相涉的平行线!

另外,"文道结合"是习作教学的传统规律,而"道"的体现,在为数众多的儿童习作中,不是表现在语言的字里行间,而是在于习作结尾的画龙点睛之句——通过这件事,我发现了什么,我感受到什么,我认识到什么等。有了这些句子,文章总算善始善终,实现了由文及道的"提升"。在我们的思品课、班会课上,也经常充斥着这样贫乏的语汇、空洞的道理、虚伪的理想,它们无不在暗示着儿童:只有这样的言语才是正确的、健康的、符合表达规范的!当儿童的言语和精神形同陌路,空话、假话、大话、套话就会满天飞。道德的"高度",带动着言语的"高度",却消减了儿童言语的"湿度"和思想的"纯度"!

儿童的言语在什么时候才能找到属于自己的"高度"?什么时候我们才能在学生的表达中读到真正属于儿童、属于童年的言语——

"虽然……却……":我的房间虽然很小,却是一个最自由、最快乐的天地。

"即使……也……":星期天,即使作业再多,我也要去踢一场足球。

"既要……也要……":妈妈呀,你既要我有天才,也要我有帅才,这怎么可能呢?

"如果……就……":如果没有妈妈,我就看不到这个美丽可爱的世界。

三、"童年"与"想象"

教学古诗《所见》,在读通诗句、领悟大意后,我要求学生将诗中所描写的画面具体写一写。尽管在理解这首诗的过程中，借助课文插图，结合生活情境，作了许多拓展性的铺垫，可是，学生们交上来的作业基本就是这首诗的大意——

一个牧童骑着一头黄牛，他坐在牛背上，放声歌唱，动听的歌声在树林深处回荡。这时，牧童看到了一只鸣叫的知了，就想去捕捉它。于是他停止了歌唱，静静地站在树旁。

这段文字没有张力，没有灵性，字里行间没有希冀的令人眼睛发亮、心灵震颤的童言稚语。记得女儿上幼儿园的时候，我曾给她读过这首诗，女儿当时的提问我记忆犹新：

——什么是牧童呀？牧童是什么样的？
——牧童在唱一首什么歌曲呢？
——"林樾"是什么地方呀？那里有什么呀？
——牧童没有工具，他怎么会去捕蝉呢？
——牧童捕到蝉了吗？

当下的孩子只比当时的她大五六岁，可是他们再也不会问这么多问题了，甚至根本也不会去想这些问题了。现在女儿已经上六年级了，我问她："老师在教这首诗时，你问过这些问题吗？"女儿很是不屑："谁会问这些小儿科的问题，如果我问了，大家还不笑死？再说了，老师一路讲下去，即使我想问，哪插得上嘴呀？"我不由悲从心生：我的女儿才11岁，她已经和我班上的孩子一样，完全没有问题意识，更没有想象能力！一个孩子，如果没有想象力，他怎么会从这首诗中读出美，找出趣，读出一幅栩栩如生的画面呢？

儿童的心灵没有翅膀，笔下的言语自然不会"飞翔"。纵观当下学生的习作，我们就会发现，原本非常熟悉的生活，在他们笔下变得直生生、冷冰冰；原本就是自己亲历的事情，可是一旦变成言语，就只剩下粗线条的勾勒，没有了细线条的渲染。我们明明教了那么多的比喻句、拟人句，明明在竭尽所能地丰富儿童的语言感性，培塑儿童的言语张力，可是，在儿童言语中为什么得不到应有的显现呢？我们的语文教学值得拷问的地方实在太多了！

在阅读教学中，我们留给儿童想象的空间了吗？无尽的琐碎问题，纠缠在方寸的文本之间，翻来覆去，儿童被教师的问题牵引得头晕脑胀，只有招架之功，没有还手之力。文本是烂熟于心了，可文本中的言语灵性和言语空白却没有了；文本是理解了，可是思想的翅膀却蜕化了，追问的能力却萎缩了！

在习作教学中，我们把很多的功夫放在宏观的谋篇布局上，很少有时间关注微观的儿童言语表达。我们往往只要求语句的完整、准确，却很少顾及言语的"生动形象"，即使习作目标中有明显的表达诉求，教师也不能在教学对话中作出有效的指导。想象力培养，主要依靠想象作文的训练，网络中的"妖魔鬼怪""金刚斗士"占据了儿童的言语世界，可是寻常生活中的花鸟虫鱼、衣食住行难以融入儿童的言语生活。当儿童想象力拘囿在血腥与暴力之中，心灵的宁静细腻、真诚悲悯就会丧失殆尽，他们不会有心思关注生命中的细微变化，不会有心情去体察生活的美丽和多情。

没有想象力，这该是一个怎样的童年呢？没有想象力的语言，就是被榨干汁液的果渣，失去了原有的甜美滋味；没有想象力的童年，就像干瘪的种子，永远不会生长出的幸福滋味！

四、"活动"与"个性"

语文教师都有这样的体会：只要儿童亲历过的"活动"，在写作时难度就会大大降低，即使平时写作基本功很差的孩子也能写出四五百字，尽管语句有些"夹生"，但是活动的基本过程，活动中的愉悦心情还是能表达出来的。

但是，在这些以"活动"为支持的习作教学中，儿童能写了，是否就意味着教学的成功呢？当我们再翻翻他们的习作，就会发现，写得精彩的孩子实在是凤毛麟角。在他们的习作中，大多是活动过程的记叙，很少有生动的细节描写！偶尔有写得具体的地方，那也是千篇一律，基本上是受到例文影响的结果。在习作的结尾，似乎都有这样一句话："今天的活动实在太让我开心了，希望以后老师多搞这样的活动！"儿童们的感受如出一辙！这样的言语表达，不仅是对活动本义的一种误解，更是对儿童言语个性的一种戕杀！

不同的儿童，即使面对同样的活动，体验也不尽相同。可是他们的语言内容和方式为什么会如此相似呢？仔细回顾一下活动组织过程，就会发现身处活动之中的儿童，并不是活动的主人，而是活动的奴隶！教师为了强调活动的"有序"和"有效"，总要炮制出一条条"友情提示"，看似很温馨，实质是"镣铐"，牢牢地锁住了儿童的思维和感官。活动中，儿童尽管参与其中，但没有多少自由；儿童尽管有些快乐，但都是简单的快乐。如果将这样的活动经历转化成文字，自然是共性的陈述大于个性的感悟，自然是平淡的叙述多于细腻的描绘；文字的数量有了，但是没有质量。要让儿童写出丰盈而有活性的文字，就需要让儿童过丰富而有意义的精神生活，外化到习作教学中，那就是让儿童在活动的过程中有"创造"的轨迹——竭力解放儿童的感官和四肢，提倡有创意地玩，鼓励玩出花样，玩得与众不同！让儿童不仅做习作活动的参与者，更要做习作活动的创造者，当儿童身心得以舒展，创造的灵感就会油然而生，此时儿童的愉悦感就会产生质的飞跃！当儿童的精神愉悦了，情感丰富了，这时的文字如果是描写，就会做到具体生动；如果是抒情，就会充满智慧和张力！

要让儿童的言语充满个性，就要让儿童拥有自由活动的权力。只有自由的活动才会有创造的灵感，只有自由的精神才会有创造的愉悦，只有创造的愉悦，才会有具体而灵动的文字！

五、"人性"与"技术"

写人状物，是小学习作教学的基本内容，也是儿童重要的言语能力。在写人状物的习作训练中，教师往往把教学的重点放在"抓特点"上，认为抓住了人和物的特点，就能写好"人"，写活"物"。可是儿童的言语实践并非如此！在一次"猜猜他是谁"的习作训练中，便出现这样的言语状况——

①他长着一头乌黑发亮的头发，剪的是小平头。大大的眼睛，明显的单眼皮，不高不低的鼻梁。他一生起气来，就会把嘴巴翘起来。考试的时候，喜欢把笔放在太阳穴上摇啊摇，想到答案了，他会轻声说："嗯！"他呀，真是与众不同！他嘴巴小小的，一笑起来嘴巴上就有一个小酒窝，还常常露出两颗洁白的大门牙。他喜欢踢足球，他对我们说："有一次，我把球踢得老高，别人都吓了一跳，有许多人想拜我为师！"这也太夸张了吧！他常常穿着绿上衣，下面穿着蓝色的牛仔裤，猜猜他是谁。

②他和我在一个宿舍，他戴着一副眼镜，皮肤黄黄的，而且瘦瘦的。头发是短发，前面还留着头发（笔者注：可能是刘海吧！）。他平时喜欢把手放在嘴里咬来咬去，做作业的时候还喜欢东张西望。他最大的特点就是喜欢讲一些搞笑的事情。那位同学的个子也不高，长着一双葡萄般的眼睛（笔者注：不知葡萄般的眼睛是怎样的？），而且是双眼皮。鼻子尖尖的，还长着一张樱桃形状的嘴，他对着我们总是一张灿烂的笑脸。他非常调皮，特别喜欢踢足球和上体育课，还有一点，他的外貌特别像我弟弟，一样都是一张瓜子脸，做事都很认真和踏实。

当学生分别读出这两段文字后，教室里没有出现跃跃欲试的景象，孩子们面面相觑，一脸茫然！尽管写作者都在努力去开掘人物的特点，并且在不同程度上抓住了人物的特点，尽管写作对象就在他们中间，和他们朝夕相处，可是呈现在言语中为什么会让大家觉得如此陌生呢？

透过这两段文字，我们可以清晰地感受到他们在言语上的共同遭遇，那就是都在"拼凑"——没有整体感、缺乏条理性，东拉西扯，最后凑成一个零散、模糊的人。这样的言语表达不是个别的偶然境遇，而是当下儿童在同类写作中普遍存在的言语现象。由于教者在教学中竭力引领儿童"抓特点"，整体而鲜活的人被拆分成零碎而没有关联的"部件"，加之儿童受自身思维和言语水平的制约，在言语表达过程中，这些有特点的"部件"怎么也凑不到一起，怎么也回不到它应在的位置，于是"人"的形象在儿童的言语世界中模糊了，消失了，剩下的只有"文"，儿童言语世界中的生命就是在这样的习作教学中消逝的！这种为文而文的习作教学方式，暴露出鲜明的"技术主义"倾向——教学视野中只有写作技术中的"人"，而忽视了生命世界中的"人"！

潘新和教授认为，人的言语活动不是消极被动地应实际生活之需，使人仅仅作为自然人、社会人、物质人"生存着"，而是积极能动地表达自我、实现自我、完善自我，作为心灵丰盈、思想自由的言语人、精神人，诗意地创造着，自由地有意识地"存在着"。习作教学的重要资源是"儿童"——儿童的生活、儿童的实践、儿童的想象，应当成为写作的源头活水；习作教学的重要的方法依然是"儿童"——儿童的文化、儿童的哲学应当在教学中得到充分的张扬。我们决不能用专业的写作标尺去衡量儿童的言语水平，更不能以经典的范文去规训儿童的言语方式。在儿童写作的起步阶段，我们在重视习作技能训练的同时，更要顾及儿童的言语特征，在引领儿童走向"文"的目标的同时，更要注重写作过程的"人"的精神。否则，儿童收获的将是语言的躯壳！

六、"套路"与"童心"

苏教版小学《语文》五年级上册中的"习作1":"在教过你的老师中，选择其中的一位，可以写写他在某些方面的特点，也可以写他帮助你、教育你的一两件事。"全班35个孩子，写本班语文老师（即我）的有20人，写本班班主任的有4人，写先前老师的有11人。

在写我的习作中，有的孩子称我"有一双圆圆的大眼睛，炯炯有神"（我眼睛不大，而且戴着眼镜），有的孩子说我"英俊潇洒，是个真正的男子汉"（除了我的爱人，很少有人使用过这样的字眼）；有的写我工作认真负责，经常看到我"熬夜改作业，眼睛布满了血丝"（我一般都在白天处理完作业，眼睛里也没有血丝）；有的写我讲题目很有耐心，直到"我听懂为止"（开学至今，我还没有机会辅导过该生）。读了学生言语中的"我"，我没有沾沾自喜，不是没有自恋情结，而是觉得他们写的完全是另外一个人！在写以前的老师的习作中，男的都有"一双炯炯有神的大眼睛"，女的都有"一张樱桃小口"；所写的事情中，不是老师的眼睛会说话，就是老师下雨天送"我"回家，雨夜为"我"补课。这些题材，我在读小学时就从优秀作文选中套用过，没想到几十年过去了，当下的学生还在继续用，不知道是否像某品牌热水器的广告说的那样——"你还想要用一个世纪？"立诚，是习作教学的基本要求；说真话，是儿童的言语天性。可是，为什么这样的言语天性到了习作教学中就发生异变了呢？

首先，从儿童的言语姿态看。在本次习作中，一方面要求儿童写写教师"某些方面的特点"。这里的"特点"无论表现在外貌上还是品格上，肯定是"闪光点"，因为教师的形象必须是高大的、高尚的，作为学生，只能"弘扬优点"，否则就是思想有问题。另一方面要求儿童写写教师"帮助你、教育你"的一两件事。在习作中，儿童总是以不守纪律、学习成绩差、没有好习惯的"问题学生"形象登场的，在赞扬教师谆谆教导、诲人不倦的同时，儿童总是要自贬其身。在儿童与习作目标对话的过程中，他们的精神总是"跪"着的，这样的写作姿态压迫着儿童的灵魂，压抑着儿童的言语。于是写作不再是思想的自由"表白"，而是言语的痛苦"制造"——凡是看到、听到的好人好事，都可以往教师身上凑；将理想世界中教师的形象活生生地往现实世界的教师身上套。就这样，教师走出了平凡的生活场景，登上了理想的神坛！

其次，从儿童的言语精神上看。"童心"是儿童言语的核心价值，"童年"是儿童言语的核心内容。离开了"童心"和"童年"的言语，就不能称为"儿童言语"。可是在我们的习作教学中，为了追求言语内容的健康，将真实儿童的生活朝着成人想象的目标无限拔高，致使儿童的言语与"即时性"生活越来越远，失去了应有的生机和活力；为了追求儿童言语表达的技巧，用成人的言语方式代替儿童的言语方式，致使童心世界无法向真实的习作生活敞开：教师以为童心放飞了，可是童心世界中却常常波澜不惊；教师以为教学直指儿童生活，可是却离真实的童年世界渐行渐远。当成人腔调在儿童的言语世界中成为主流话语时，儿童言语精神就会日趋萎缩，最终儿童精神从言语中彻底剥离，成为无源的"死水"，无本的"枯木"。

摆正儿童言语姿态，让教师在学生言语世界中成为"真人"；解放儿童的言语精神，让学生在习作教学中成为"儿童"。这可能是我们的习作教学未来要走的路！

七、"基础"与"训练"

观摩了一节题为《吹泡泡》的三年级习作教学公开课录像，教学设计比较到位，儿童言语表达也非常充分！可是，有一个教学细节比较值得玩味——

师：吹泡泡活动有意思吗？

生：非常有趣！

师：怎样留住这个快乐的记忆呢？

生：把它写下来！

师：太好了！那么你打算写些什么呢？请把开头告诉小伙伴。

生：我想写"泡泡大战"。

师：可以用"我们的泡泡大战开始了"作为开头！

生：我想写自己是怎样吹泡泡的。

师：好，可以用"我的'泡泡站'开张啦"作为开头！

从师生的对话中可以看出，教师是想让学生在课堂上写一段话。可是10分钟后，在教师收上来的习作中没有一个写"段"的，写的基本都是"篇"，有题目，有事情的起因，有活动的过程，当然结尾大多来不及写。我感到非常纳闷：教师明明让学生用"总起句"写一段话，可他们为什么都在写"篇"呢？

从教师的指导行为来看，是合理合情的。说它"合理"，是因为三年级是习作起步阶段，习作课程的主要目标就是"段"的训练；说它"合情"，是因为这是一堂习作公开课，只有40分钟，需要将习作指导的全程展示出来，那么留给写作的时间也只能写一段！从儿童的写作状态来看，10分钟后，完成一篇习作的儿童几乎没有，教师收上来的习作不是文不对题，就是过程简短、结尾残缺。儿童确实也没有能力在短短的时间内完成一篇洋洋大作！

既然教学行为没有任何问题，那么问题只有一个，就是儿童的惯性力量在作祟！因为这是一堂借班上的公开课，问题应当与上课教师无关，而这个班级的语文科任教师有着不可推卸的责任。一方面，在平时的习作训练中，这位科任教师很少带领儿童进行"段"的训练，以致"段"的概念一直没有形成；另一方面，科任教师对习作课程目标比较模糊，在习作起步阶段，就让儿童去做"长篇大论"，当然部分儿童可能有这样的能力，但是从习作教学的长远目标来看，这样的训练会导致儿童习作素养的根基不扎实！

在武学中，非常注重"童子功"的训练，尽管非常枯燥、乏味，但是这个环节是谁也不容越过的！"段"的写作就是儿童必须经历的"童子功"，需要每一个孩子踏踏实实、步步为营，否则他们稚嫩的言语"翅膀"无法支撑起宏大的话语体系，就无法适应未来的言语交往需求。在当下小学高年级，甚至更高的学段，有相当一部分儿童不会写作——言语没有条理，病句较多；言语不具体，不会描写。这就是没有练好"童子功"所带来的恶果！

在写作的起步阶段，语文教师充分认识到"段"在儿童习作素养成长过程中的意义，把握课程标准，认准训练目标，揣摩习作教材，用心构建"段"的训练体系，让每个儿童的言语都有一个扎实的生长点！

八、"童言"与"秩序"

批改儿童习作，是语文教师生活中不可或缺的一部分。在我所接触到的儿童言语中，很少读到诗人、儿童教育家盛赞的"缪斯语言"。这并不是我对儿童"缪斯语言"天性的怀疑，而是对儿童丧失"缪斯语言"天性的追问！

纵观当下的习作教学现状，结合我的教学实践，以为有这样几种言语倾向和教学行为很值得我们语文教师去研究——

一是对非己的"言语图式"机械照搬。"图式"最初是由德国哲学家康德提出的，他把图式看作"潜藏在人类心灵深处的"一种技术，一种技巧。在习作教学中，教师指导儿童写作的主要手段是"例子"，其实意在"言语图式"的建构。"例子"的主要来源有两种：一是教材提供的例文；二是教学现场中即时性生成的例文。"例子"的主要意义在于将抽象的习作知识和技能形象化、具体化、操作化，可是儿童对"例子"的关注点不在"意"，而在于"形"上，以为"例子"就是教师为他们提供的言语模版，写作就是按照模版格式进行言语填空。于是乎，一篇篇习作交上来，几乎每篇都似曾相识：谋篇布局大致相同，所写内容相差不大，渗透在字里行间的情感也惊人的相似，真是"形而上者谓之道，形而下者谓之器"！写作之"器"比比皆是，而习作之"道"却成了蜀道之难！

二是对"好词佳句"生拉硬扯。在当下的小学语文教学中，非常重视积累，有学者称："积累"与运用好比"布云"与"落雨"，云层布得越厚，雨下得越大，无云绝然不会有雨。我赞同这样的说法，但是觉得这样的隐喻有着机理上的缺陷，"布云"不是"落雨"的充要条件，其间还存在着一个儿童言语心理机制。在阅读教学中，教师对文本中的"好词佳句"非常推崇，让学生熟记得"不可误一字，不可少一字，不可多一字，不可倒一字"。在习作教学中，为了让儿童写得更加"出彩"，教师喜欢给儿童提供大量的"好词佳句"。可是在真正的写作过程中，这些"好词佳句"并不适合具体的语境，甚至与儿童的言语习惯有些格格不入。"好词佳句"的真正意义在于帮助儿童形成良好的语感，而不是在写作过程中生搬硬套，否则，"好词佳句"就像堆积在儿童脸上的浓厚的胭脂，只有外观的俗气，而没有内在的气韵。

三是对原生态"儿童言语"缺乏认同。儿童的语言富有弹性，在表达过程中跳跃性大，有时与正常的言语逻辑并不合拍。正是这样的言语特征，致使儿童习作的内容不够清楚明了，上下行文缺乏连贯。这样的行文风格让语文教师难以迁就，为了所谓的"通顺连贯"，于是痛下"杀手"——不明白的地方就"删"，不具体的地方就"添"，不妥贴的地方就"改"，于是一篇稚嫩的原生态童言，就在教师成人的言语体制下遍体鳞伤、奄奄一息。这样的举动，对教师来说，是理直气壮地维持"言语秩序"；对儿童来说，却是对本真言语自信的摧毁！这样的"精批细改"，让儿童无所适从，不知道该怎样去表达自己的思想了！经过几个轮回的反复，儿童痛定思痛，从心底里认为自己的言语是丑的、错误的，只有老师的言语和书本上的言语才是美丽的、正确的。"童言"就是这样离开儿童言语精神的，就是这样离开童年生活的！

儿童不会用自己的话语方式表达，这不仅是儿童的悲哀，更是语文教师的悲哀！在习作教学过程中，我们有着许多习以为常的"惯性动作"，自以为这是"传道授业"，可是，正是这些不经意的感性行为改变了一个人的言语方式，扼杀了一群人的言语天性！今天，当我们再次面对儿童的习作，是否有心痛的感觉？

儿童言语中的"痛"，不仅是一种自然的生长之"痛"，而且是一种人为的扭曲之"痛"。对习作教学来说，它是一种预警——让教师清楚地感知到儿童言语发展过程的真实状态，以便在教学过程中作出适当的调整，为儿童言语成长提供有效的扶助；它还是一份难得的教学资源——这份"痛楚"应当成为习作教学的生发点，更应当成为习作教学的延展点，它促使习作教学有机地融入到儿童的言语生命和言语精神之中。我一直以为，真正地有助于儿童言语生长的习作教学有着这样三个鲜活的隐喻——

儿童就是一棵向上的"爬山虎"。只要有植根的地方，只要有一面墙壁，只要有阳光和水分，爬山虎就会不停地向上爬，直到秋风萧瑟。习作教学就是要为儿童创造"爬"的条件，搭建"爬"的空间，教他们"爬"的技能，只要稍加时日，他们就能营造出一片生机勃勃、绿意盎然的美丽风景。

童心就是一簇灿烂的"桃花"。万木还很萧条，桃花便绽放枝头，让天地融会在一片温暖之中。桃花凋谢，碧绿的桃叶才陆续占满枝条，遮盖住了整个桃树。习作教学就是一棵"桃树"，烂漫枝头的"桃花"就是童心。如果不让童心在课堂上闪烁，在习作中绽放，那么美丽和精彩就与习作教学擦肩而过。至于布局谋篇的知识和技能，那都是在如花的童心上自然舒展的"桃叶"，没有"桃花"的灿烂，纵然枝繁叶茂，也不会有秋天的累累硕果。

　　写作教学就是"蒲公英"的一次快乐旅行。秋风吹来，种子就开始了自己的旅程，一路风景，一路快乐！小小的"降落伞"落在哪里，哪里就是它的一个"新家"。习作教学不正是需要这份自然和惬意吗？每次写作，我们总是带着沉重的、明晰的任务上路，在写作的征程中无暇顾及四周的风景和内心的感受。其实写作可以像蒲公英的种子那样，看似"无为"，却很"有为"，将"有为"的训练目标潜藏在"无为"的活动情境之中，让儿童的感官在充分自由的情况下，享受到写作的快乐！

　　当儿童在习作教学中有了"爬山虎"向上的力量，有了"蒲公英"的自由和恣意，有了"桃花"的烂漫和绚丽，他们的言语和精神何愁不走向一个美妙的境界！

揭开儿童言语表达的本质

马正平先生认为："写作是一个人精神秩序的建构。"儿童之于成年人，在生理特征、认知方式和知识经验方面大相径庭。因此，儿童写作有着自己的"精神秩序"，是一个生命个体在童年期独特的"时间窗口"和存在表现，无论在精神层面还是言语层面都有着相对独立的自我空间。因此，面向儿童的习作教学，应当自觉建立"儿童写作"的教学观念，除了将儿童的言语和精神发展面向未来的社会需要之外，一个不可或缺的取向就是基于童年生命质态表达诉求唤醒和表达方式支持。

一、"自由表达"：儿童精神的天性需求

每个儿童在婴儿期就喜欢表达，有时是叽叽咕咕的呢喃，有时是哇哇的啼哭，有时是手脚并用的体态。从学前期到小学低中年级，他们的表达方式发生了变化，喜欢用笔进行书面表达。当然，他们较少使用文字，主要是借助信马由缰的线条。处在这一阶段的儿童，无一不喜欢涂鸦，只要手中有笔，只要有空白的地方——地上、墙上、纸上，无不是他们表达丰富内心世界的阵地。在每一幅线条构成的"图画"里，如果抛开审美意义的评判，与原创者直接对话，他一定给你描述一个丰富而精彩的世界。而这个世界常常是成人所忽略、所不屑的，却真真实实存在着的，不可怀疑，更不要轻视，这是一个儿童内心世界的外在表达。

因此，表达不是成人的专利，而是每个儿童的天性需求；表达不是

仅仅依靠口语和文字，有时线条和图画也有着同样的担当。在小学阶段，儿童不喜欢表达，是因为成人世界提供的表达方式过于单调，不是口述就是文字，加之不少儿童生性内向，不善于口头描述内心世界，而书面表达所遭遇的障碍更大，可以熟练使用的文字捉襟见肘，常常词不达意，汉拼混搭，极大地影响表达效果，严重地挫伤儿童书面表达的积极性。从口头走向书面，从图画走向文字的进程，也是很多儿童表达天性与日消减和遭受损毁的过程。

因此，在习作教学的初级阶段，应该呵护儿童的表达天性，顺应儿童的表达特征，将"连环画"的表达模式引入到习作教学中来，图画与文字相互结合，允许拼音与文字并存。进入小学三年级，不要将儿童的原有的表达习惯以"作文"的名义断然割裂，稍微延迟纯文字表达的时代的到来，让文字逐步取代图画和拼音。

二、"模糊跳跃"：儿童精神的诗意逻辑

在习作教学的初期，许多教师总是埋怨儿童的习作表意模糊不清，因此将大量的教学时间放在儿童的语言规范表达上。殊不知，"模糊"正是儿童言语的特质之一，魅力所在。儿童学者将儿童的这种言语特征称为"诗意的逻辑"。尽管儿童的言语是非逻辑的，充满着跳跃，充满着反复，甚至看似杂乱，但是如果真正走进他们的话语世界，你就会发现，这其中也隐藏着一种童真之趣，童心之美。有一段成人与儿童的对白，在我的记忆里贮存了 20 年，这段对白发生在一位乡村校长和一个刚上幼儿园的教职工子女之间：

校长：你明天再到学校捣乱，我就扣你妈妈工资！
孩子：我把所有绳子都藏起来，让你找不着！

孩子的回答显然是非指向性的，有些"无厘头"，细细咀嚼，其中却隐匿着一个独特的话语系统："扣工资"。用什么"扣"呢？当然是"绳子"。如果把"绳子"藏好，那工资自然"扣"不成了！童言之味真是芳香四溢，情趣盎然。这就是一个儿童的精神世界，这就是一个儿童的话语逻辑。

在儿童的习作中，像这样的对话、描述比比皆是，贵在教师有一颗童心，能破解儿童言语的密码，在看似不合理之处寻求最贴合的理解；贵在教师懂得欣赏，能触摸儿童言语深处的善心和慧根，给童言稚语最大的呵护。我一直以为，在小学阶段，教师不要做儿童言语的"医生"——所谓规范、正确、优美的语言，儿童是需要学习的、模仿的，直至熟练运用的，但是不能因教学系统的秩序而肆意打乱儿童自身的言语秩序，破坏儿童自我修复和自然成长的心理言语机能。教学秩序有时要主动适应和对接儿童的言语秩序，通过引导儿童进行语言积累与表达、知识与技能沉淀，使模糊的儿童言语逐渐走向清晰，使清晰的儿童言语日趋走向规范和优美。

三、"打开内隐"：儿童言语的个性门径

毋庸置疑，在社会这条"食物链"上，儿童始终处于下游和底层，只有"被听话"的份，儿童的意见和建议，在成人世界被称为"孩子话"，从来都不足为信、不足为凭。在当下学校里，教师从来都是喜欢"听话"的孩子，在许多教师眼里，"学困生""问题生"都是不听话造成的。一个孩子要想适应校园生活，前提就是"听话"，确信老师的话千真万确，认定书本上的话句句至理名言。古人倡导"亲其师，信其道"，而现代语境是"信其师，亲其道"。因此，一个儿童在学校要说话，就要说书本上的话、教师要求的话，否则就会沦为"异类"。基于此，儿童的习作中只有假话、空话、套话，没有自己的故事、情感、体悟就再正常不

过了。在我担任主讲的一个小学语文教师短期"国培班"里，恰有一位教师的子女也在课堂上旁听，现场采访：

师：在你的习作中，你最喜欢写什么？

生：有时根据老师提供的范文现编故事，有时是从作文选中读到的故事⋯⋯

师：那你为什么不写自己的故事？

生：怕别人发笑呗！

"怕别人发笑"，是一个儿童的心声，更是一个群体的写作心理困境。我以为：儿童是喜欢表达的，信手涂鸦，叽叽喳喳；儿童最有故事，教室里、操场上、楼道间、路队上、校车里、餐桌上，无不是他们孕育故事的场所。可是一个喜欢表达的孩子却不在意自己的故事，却不愿意讲述自己的故事，可能教育教学中大行其道的"听话哲学"是罪魁祸首！

习作教学要提供"光亮"，照向每个儿童内心黑暗和隐秘之处，让在场的生命个体感到温暖与安全，让言说的生命个体不感到自卑与羞耻，让分享的生命个体产生表达的冲动和愉悦。只有这样，让每个儿童正视自身故事的价值，让每个儿童自信地与同伴分享自己的故事，让每个儿童意识到自己的故事是最有意思、别人最爱读的，这是我的特立独行，这是我的与众不同，这是我的存在价值。

因此，优秀的习作教学就是"打开"，打开每个儿童独特的生活世界。这种打开是柔软的，在波澜不惊中推开言语之门；这种打开是双向的，门里门外形成畅达的言语对流。儿童的语言和精神之门一旦打开，"我手写我口，我手写我心"不再是儿童习作中的稀缺资源，而是儿童写作的一种基本常态。

四、"口语修复"：儿童言语的再生之路

我曾经做过一个测试，让一个孩子当场朗读自己刚刚完成的一篇叙事性习作，整个文本426字，通过录音和原文的对照，发现声音叙述和文字表达之间出现不少变动，统计如下：

误读次数	转换次数	删减次数	添加次数	录音字数
5	4	7	9	497

从语言表达的数量来看，增加了71字；从语言的表达效果来看，有了明显的优化和提升。如果诵读的是说明性文字、论述性文字或者抒情性文字，数据还会有波动。这些基本数据反映了一个客观信息，那就是"朗读"对儿童的言语具有自我修复的功能。

修改儿童习作，成为小学语文教师的重负，而这种"浓彩重墨"式精批细改，没有研究数据表明能对儿童书面表达水平提升有明显的帮助。而在当下小学教研评价体系中，将语文教师的习作评改水平和质量作为一项重要的指标来考核，而对执教者所在班级的儿童书面表达能力考查鲜有如此鲜明的量化指标，同时，对教师的习作批改态度和能力与儿童的习作素养是否呈正相关更缺乏相关性的考量。因此，不少教师明知习作批改事倍功半，明知儿童对于自己的修改安之若素，仍然苦苦支撑，长年累月将大量的时间耗费在做这吃力不讨好的文字"修理工"上。

当然，小学阶段，习作评改的方式不拘一格，但在众多的评改方式中，口头朗读最为经济，成效最为明显，不仅可以读给教师听，可以读给家长听，还可以读给同伴听。读着读着，儿童的习作在接受美学的范畴里，升格为"作品"；读着读着，儿童的习作在不断完善，言语素养在不断提升，这也许就是语文课程标准中倡导的"在语文实践中学习语文"。

每个儿童的言语和精神世界对于成人来说，都是一个未知而神秘的

"黑洞"。自觉地走进其中，是每个语文教师的勇气；读解其中的密码，更是我们自身的责任。我们所知的"儿童言语表达本质"，或许只是沧海一粟，或许只是旁逸斜出，因此，需要我们每个语文教育者去孜孜探寻。

破解习作指导之"难"

在有些小学语文教师眼中，习作教学之"难"，堪比蜀道"难于上青天"。一是拿到一篇习作教材，不知道教什么，更不明白从什么地方教起；二是每次教学"教"了很多，唯恐不够，但是儿童无动于衷，在习作中并没有把"教"的成果鲜明地展现出来；三是难以把握"教"的尺度，如果指导过细，便千篇一律，如果不指导，不少孩子无从下笔。如此之"难"，历经数年无穷已，"教"之内的问题渐渐扩展到教学之外，譬如教材不好，儿童生活不够丰富，教学评价机制有问题，诸如此类，将原本可以聚精会神破解的机制之内的教学问题，消解和转化成更为复杂的教育问题，甚至是社会问题，使众多的教师一下子失去了主攻的热情和方向，于是乎，望"难"兴叹不再是一种思维，而成为一种集体意识。

习作教学到底难不难？在写作教学的起步阶段，有国家提供优质的课程教材来实施，有丰富的教学资源来支持，答案应当是——不难！可是为什么变"难"了呢？应该说，每一个语文教师都成了"难"的幕后推手。结合我曾组织的一次习作教学校本教研活动，可以透视出藏在"难"背后的深层原因。这次活动的主题是习作教学内容"阶梯形"建构，主要从苏教版教材中选定写作内容——"我的发现"，三、四、五年级分别进行教学内容建构和教学设计。执教前，我和执教的三位教师，通过研读教材共同确定了一个拾级而上的教学内容：

写作内容	教学内容		
	三年级	四年级	五年级
"我的发现"	根据方位顺序叙述自己的发现，并用比喻句将自己的发现描述得生动具体	运用"内心独白法"和"梦幻想象法"描写出自己在发现过程中的心理活动	将发现的过程和心理活动写得一波三折

可是在执教过程中，暴露出来的问题耐人寻味，由此"一斑"可以窥探当下习作教学的"全貌"，也可以诊断出习作教学"难"在何处，以及如何排障化"难"。

一、"跨大步"：一教到底

三年级"我的发现"教学（取材于苏教版《语文》三年级下册的"习作3"），教材提供了一篇范文，题目是《小草中的发现》。

春天，我去小河边玩耍，河边长满了嫩绿的青草。

我拨开小草，惊喜地发现一群蚂蚁正在造新家，洞口有一堆新土。那土一粒一粒的，像细细的沙。啊，离蚂蚁洞不远的地方还有一只不知名的甲虫！它是深褐色的，头上顶着两根长长的须，像电视机上的天线。它不停地抖动着，大概是在接受春天的信息吧！

这篇例文只有短短的134字，但是教师引导儿童从中解读出丰富的"教学内容"：观察要从远到近，由静到动，由形状到颜色，从触觉到滋味，观察要展开联想。确定了教学内容，教师又通过一篇《小树叶，大精彩》来引导儿童内化教学内容：

学校的跑道旁，有三棵高大的马褂树，它_____。秋天到了，它像个魔术师一样，给我们带来了无穷的精彩。

一阵秋风吹过，树叶（声音）＿＿＿＿＿＿，一片片枯黄的树叶＿＿＿＿＿（落在哪里呢？）

我捡起一片树叶，细细端详：

马褂树叶	真实	联想
看一看	1.	
	2.	
	3.	
摸一摸		
掂一掂		
闻一闻		
……		

＿＿＿＿＿＿＿＿＿＿＿＿＿＿＿＿＿＿＿＿＿＿

＿＿＿＿＿＿＿＿＿＿＿＿＿＿＿＿＿＿＿＿＿＿

（来段属于你自己的精彩）

短短的例文演绎出如此丰富的教学内容，这位年轻教师在备课中可谓殚精竭虑。在教学后的交流中，她坦陈自己这样做是受教学参考书的影响，是想将观察的知识悉数教给孩子。教得如此充分饱满，即便是作为听课者的我，也感到眼花缭乱，更不用说在场的儿童了，他们一定如堕雾中。从下面的片段练习的效果上，进一步印证了我的看法。的确，像这样教得没有章法与局限、肆意扩展的习作教学，即便种下"龙种"，收获的可能也是"跳蚤"。

习作教学要走"小步子"，要以一种"慢慢走，欣赏啊"的姿态，切不可贪多求全。关于"观察"的教学内容，可以切分成许多前后勾连、全程贯通的小格子：方位观察、时间观察、动静观察、观察与联想、整体与局部观察、体验式观察等，将每一项内容排成一个循序渐进的阶梯，逐层分布在几个年段里"教"，步步为营，可能效果更好。推而广之，将各类文体写作知识进行梳理，结合教材，精心细分，每一次教学"弱水三千取一瓢饮"，这样才会教得很深入，很透彻，让每个儿童训练得很扎实。

二、"走偏路"：重心偏离

四年级"我的发现"教学，教材同样也配了一篇范文。执教者也试图借助范文捕捉本课的教学内容——发现过程中的心理活动描写。可惜的是，她将例文当成一篇阅读教材来教，教学重点也随之发生了偏移——

①默读例文，想一想，事情的起因、经过、结果，分别对应着哪几小节？
②概括一下，这篇例文事情的起因是什么，经过是什么，结果是什么。试着用一句话讲清楚。
③为自己的"发现"拟定提纲，一定要将主人公加进去，注意提纲的语言要简洁。

众所周知，"概括"是阅读教学训练的重点，而习作教学训练的核心始终是"具体"，将阅读教学重点移植到习作教学课堂上，围绕着"概括"问题纠缠了接近10分钟，歧路亡羊不言自明。

习作教学，是应该读例文，但那是典型的"指向写作的阅读"：有目的——不是为了理解，而是为了借鉴；有选择——不是放眼例文整体，而是锁定最能体现教学内容的局部。研读例文，根本目的就是将教学内容从具体的例文中"离析"出来,让在场的习作者深受启发,为本次习作建立相应的言语图式。

如何用例文,是当下习作教学的一个突出问题,构建指向教学内容的例文教学范式,对当下习作教学而言是件迫在眉睫的事。我以为例文教学应当体现以下几个视角:一是指向"选材内容"教,好的例文对儿童沉睡的生活具有极强的召唤力,一篇富有情趣的例文,能一下子唤醒儿童所有的"相似生活"。二是指向"言语形式"教,一篇优秀的例文,一定在表达上有鲜明的亮点,或者是篇章上的首尾呼应,过渡自然;或者是段落结构上的层层铺展,或者是修辞上的鲜活生动,或者是体现个性的精彩细节,或者是表现人物精神的侧面烘托,或者是体现人物遭遇的环境描写,教学要扣准例文最有魅力的言语形式来作为本次训练的教学内容。三是指向"结构层次"教,这主要是针对应用文体的写作,它不同于叙事文体,故事的发展过程就是自然的"线性"顺序,而应用文体表达不是"线性"的,常常是"条分缕析"——分类列举,逐层说明,用事实证明观点。不同功能的目标,就需要相应的表达结构来支持,这是执教者核心的教学落点。

三、"灌知识":教写隔离

有些专家认为,当下习作教学最大的弊病是,没有具体教学内容导致缺乏有效指导。我觉得这种提法有些欠妥。教学内容是有的,不过在课程目标上未必适当,在教学方式上未必得当。我们不少教师为了体现自己的课堂作为,将写作知识当成最大的教学内容纯粹地来"教",结果小学里习作教学课成了高校里的写作理论课。

在四年级"我的发现"教学中,执教者为了教儿童如何写心理活动,从例文一下子延伸出一整套心理活动写作知识:

$$
心理活动
\begin{cases}
直接描写：心理独白法\ 梦幻想象法\ ……\\[2mm]
间接描写：环境烘托法\ 动作语言烘托法\ ……
\end{cases}
$$

为了让这些方法具体化、直观化，教师从课内到课外，出示了许多相关的例句，让儿童阅读体会，以期在习作中仿写。遗憾的是，这些例句中，没有一句与"发现"这个写作主题有关。当教师匆匆忙忙地将这些例句罗列完，下课铃声也响了。习作教学需要写作知识作为教学内容，但是什么样的知识适合本次习作教学，这些知识如何与写作内容结合，这才是教学的核心。

先说知识的适配。对四年级的学生来说，将简单的心理活动描写作为教学内容，应该是可以的，但是这些知识必须基于习作例文，可以结合例文进行一些"锦上添花"般的拓展延伸，但是绝不能没有边界。同时，知识的呈现不能"术语化"，应尽量让儿童自己去发现和总结，在此基础上，教师要用儿童喜闻乐见的话语进行提炼，力求将这些知识明确化、鲜活化，成为课堂上孩子乐于挂在嘴边的典型话语。

再说知识的呈现。在习作课堂上，提炼写作知识，不该是抽象的隔离，而应当是与写作内容的同构共生、水乳交融。这样知识才会沾上儿童的气息，才能与儿童的言语发生"化学反应"。譬如我所执教的"令人感动的一件事"和"书包里的秘密"两次习作课中，都涉及"细节描写"，怎样让"细节"与相应的写作内容相互融合？我在教学中，分别扣着不同的细节"点"来教学：

"令人感动的一件事"	"书包里的秘密"
贴心的动作	变化的动作
贴心的语言	变化的语言
贴心的神情	变化的神情
温暖的内心	变化的心理

前者因为"贴心"，才会产生感动；后者因为有了"秘密"，才会发生"变化"。只有将教学内容与写作内容融会贯通，写作知识才会对写作内容产生"语力"，写作知识才会对儿童的言语表达"给力"。

四、"为交流"：个性流失

在五年级"我的发现"教学中，教师特别从"印刷术"的发现之旅，让儿童感受到任何有价值的"发现"都是"一波三折"的。接着教师提出了一个问题："在你的发现过程中经历了怎样的挫折呢？"教师让学生分小组自由讨论。这个环节足足进行了 10 分钟。在之后的交流中，我发现不少孩子交流的内容相近，发现的过程也有些雷同。

每一个儿童都是一个独特的世界，哪怕关注的是同一件事，在过程中也存在着细微的差别，这就是语文课程标准提出的"独特感受"，这是倡导个性化写作的前提。习作教学应该有交流、分享环节，譬如在选材环节，大家围绕习作要求，交流各自的生活，这样的交流和分享旨在相互唤醒，将儿童各自沉睡的生活记忆渐渐发掘出来；譬如在作后交流环节，需要在小组、全班交流，旨在展示各自的习作成果，发现自身的不足，形成再次修改的建议。可是在"发现过程中经历了怎样的挫折"指导环节进行交流，对个性化的表达就会形成阻隔，各自的生活细节和"独特感受"在交流中就会走向"共和"，经过"勾兑"变成一种"集体记忆"，童真童趣的自然流淌就会沦为一种工艺化的"制造"。

在习作教学中，对于"细节"指导，可以提供表达框架，可以渗透相关的表达技巧，除此以外，一切都是自我的，与他人无关，不要进行任何小组活动，不要安排任何交流环节，哪怕在教学中会出现短暂的静默。写作应该是安静的、自我的，作为指导儿童学习写作的习作教学，在面向儿童言语深处的环节，应当各自为政，守住自我，给每个儿童留下一份属于自己的"独特"。

综上所述，习作教学之"难"不在理念，而在操作。长期以来，我们的习作教学一直处于"粗放型"状态，只管"教"了，不管"教"得怎样，"学"得怎样，一些事关"实效"的问题，一直隐没在热闹和浮华之下，无法进入讨论视野，走向研究之路。因此，我们必须有不畏"难"的精神，静下心来，审视传统的教学习惯，发现所谓"难"的环节，不断改善教学流程，教学之难就会成为发现之乐，研究之趣。

"个性化表达"的属性探寻

"个性化"在课程改革中成为热点词，不少教学改革将"个性化"作为核心标识。习作教学也竭力倡导"个性化表达"，语文课程标准旗帜鲜明地提出："为学生的自主写作提供有利条件和广阔空间，减少对学生的束缚，鼓励自由表达和有创意的表达，鼓励写想象中的事物。"不难看出，"自由表达""创意表达""想象表达"，这是习作教学走向"个性化表达"的具体形式。从师本的"小学作文教学"走向生本的"习作教学"，"个性化"已经作为课程和儿童文化的一种标识逐渐进入教学视野，这不仅是一次儿童人性的顺应和回归，更是一次习作教学的理智变革。

一、"个性化表达"的适切性

任何一个概念的提出都基于一定的现状和背景。当下，由于儿童习作中的空话、套话、假话呈蔓延之势，本真写作成为一种奢侈。倡导"个性化写作"，这是习作教学走向变革的应然选择，也是习作教学对儿童文化的重新观照。

其一，"个性化表达"基于生命个体的独特性。"一花一世界，一叶一菩提"。自然世界如此，人的世界亦然。在这个高速变化的世界中，尽管人在不断被社会环境挤压和同化，人性在"丛林法则"面前不断扭曲和异化，但是生命的独特性无法遮蔽和掩饰——不同的人，出发点不同，行进的路径不同，言说的方式不同，未来的走向不同，独特性成了时代浪潮中不可淹没的"航标"。因为有了"个性"，就保持了人性，就证明了"自我"存在。在一个关注人、重视人的社会里，尊重"个性化表达"是最典型的外显特征；在一个呵护人、重视人的教育环境中，实现"个性化表达"是教育体制的时代精神。

其二，"个性化表达"基于儿童文化属性。在解放人的大潮中，发现"儿童"，将"童年"视作一个人生命中的独特时期，可谓人类文明的一大进步。在这个独特时期中，文化学者将"童话""活动""游戏"作为这个阶段最典型的文化特征。"童话"非科学、非理性的"诗性逻辑"，带给儿童一个天马行空、思接千载的自由世界；"活动"则解放了儿童的四肢和感官，带给他们一份份鲜活而独特的生命体验；"游戏"让儿童获得了更多的角色体验，使之在成人规则内外进出自如。因为无知，所以无畏；因为无畏，所以无隔。可以这样论断：每一个童年个体，都是自由的；每一个童年个体，都个性飞扬。在小学阶段，倡导"个性化"表达，可谓恰逢其时；在儿童学习写作之初就弘扬"个性化表达"，是适宜童性的文化自觉。

其三，"个性化表达"基于习作启蒙机制。小学阶段是儿童学习写作的时期，凸显儿童的"个性化"，就是对儿童自然天性的不加节制和大力彰显；弘扬个性化，旨在涵养和培育儿童的写作兴趣。在这个阶段，引导儿童学习写作，就是让儿童率性写作，让儿童活动写作，让儿童游戏写作，总之就是让儿童快乐写作。过度的文体规范，繁杂的知识要领，都是儿童走向个性化表达的"大敌"。因此，在这个阶段，不少教师提出："想写什么就写什么"——让儿童在写作内容上自由选择，不划定精确范围；"想怎么写就怎么写"——对儿童选择的文体样式不加限定，表达方法上可以含混模糊；"怎么想就怎么写"——在儿童习作的价值意义上立足真实高度，不揠苗助长。这样的习作教学机制在儿童写作的启蒙阶段是非常适切的，是适合儿童言语成长规律的。

马正平先生说"写作是人言语和精神秩序的建构"。这是对"个性化表达"极好的注脚。习作教学要走向儿童，真正促进人的言语和精神成长，必须将"个性化表达"作为其中要义，不仅要在课程理念上充分彰显，更要在教学过程中积极实践，力求将其作为提升习作教学有效性的一个重要突破点。

二、"个性化表达"的限定性

任何一个教学概念的演绎，都是置于一个整体的教育系统之中实现的，它在与系统中的其他教学要素的交互中，才能形成自身的价值内涵和发挥不可或缺的作用。因此，"个性化表达"的意义和力量在习作教学系统之中不是一枝独秀，它还受到多重因素的束缚和影响，有着自身的局限性。

其一，"个性化表达"与"文章规矩"。文章体式不同，言语形式和表达结构也不相同，梁启超先生称之为"文章规矩"，他曾在《中学以上作文教学法》一书中写道："文章一部分是结构，一部分是修辞，前者名文章结构学，后者名修辞学。文章好不好，以及能够感人与否，在乎修辞。不过修辞是要有天才，教员只能教学生做文章，不能教学生做好文章。"儿童学习写作很大程度上是在学习不同体式的文章写作方法，即学习"文章规矩"。"个性化表达"对应的是开放，着眼的是"人"，而"文章规矩"对应的是入格，着眼的是"文"，这两者势必形成一对矛盾，如何做到"开放"和"入格"兼顾，如何做到化"文"为"人"，这是倡导"个性化表达"无法回避的问题，否则"个性化表达"就会陷入信马由缰、肆意妄为的泥潭，丧失原本的教学价值。

其二，"个性化表达"与"教学作为"。习作教学的存在价值在于"教"儿童写作，只要有"教"的存在，就有着与习作文体相对应的教学内容，而教学内容的主要落点就是鲜活的文体写作知识。知识是理性的，一方面对儿童写作具有促进作用，让言语表达更具体，更到位；另一方面却具有限制性，控制非主题表达，以防止习作者东拉西扯、胡编滥造。"个性化表达"常常是感性的、率真的，它不仅在言语内容上求新求异，横跨时空，致使文章主题不够集中，更在言语形式上求奇求变，不加约束，导致文体特征淡化模糊。因此，"个性化表达"常常是习作教学的另类"逃逸"，当下的不少"个性化表达"的提出背景就是反教学，反体式。可是儿童习作一旦离开知识滋养和支持，"个性化表达"还能走多远，还能走多久？它很可能就会成为儿童言语成长的"绊脚石"。如何将理性的教学和感性的"个性化表达"彼此融通，这是习作教学研究的紧要命题。

其三，"个性化表达"与"社会关系"。儿童的习作作为一篇言语作品，具有交际功能，它可能面向众多的读者，需要读者的检验，读者的评判，读者的认同。因此，一篇言语作品"不仅是'认识世界、认识自我'，而且作为一种'交流的重要方式'，实际上就是参与社会生活乃至改造社会生活。他们的表达必然受到各种社会关系的规定，诸如与读者的关系、与被写作对象的关系、与现实政策的关系、与写作媒介的关系、与写作形式的关系等等，不一而足，这些关系所具有的规定性，决定了他们的表达不是自由的，或者说在这诸多关系规定下的'自由表达'"（徐江《"课标"与中学写作教学的无序性》）。一篇习作与社会有着如此复杂的关联，有着诸多的"不自由"，如此看来，"个性化表达"不是习作者一个人的"个性化"，而是与各种社会关系协调下的"个性化"；"个性化表达"不是一个单纯的理念问题，也不是一个简单的教学问题，而是一个应该放置在言语社会学范畴内探讨的系统问题。

洞察"个性化表达"的复杂背景和外延，为的是避免它在教学操作上的简单化、虚浮化；为的是让"个性化表达"教学更富理智，更具智慧；为的是让"个性化表达"能转化为现实的教学行动，不再沦为一句海市蜃楼般的理想口号。

三、"个性化表达"的辩证性

辩证处理好"个性化表达"适切性和局限性的关系，让"个性化表达"教学化，是当下习作教学的一个重要的课题。我以为，在理智的教学平台上，"个性化表达"的难题可以破解，"个性化"和"教学化"之间的障碍可以打通。我在教学实践中发现，"个性化表达"可以从四个维度展开——

其一，"个性化表达"的是特立独行的童年故事。童年不是一个抽象的概念存在，而是一个动感而富有情趣的故事篇章。"童年故事"的主角就是每个儿童自己，在每个童年故事里，都住着一个真实、自在而隐匿的自我。习作教学要走向"个性化表达"，首先要走进每个儿童的故事世界，召唤各自的童年秘密，将每个儿童独特的生活当作一部活生生的"童史"，不断挖掘，不断生长，不断丰富。同样的故事主题，在不同的个体生命世界中住着不同的故事人物，拥有不同的故事场景，产生不同的故事情节，形成不同的故事结局。习作教学就是在写作内容的"大同"中追寻个体的差异，让"差异"成就每个儿童的精彩，用"差异"来提升各自习作的魅力，用差异来考量每篇习作的价值，让"求异求新"成为儿童选择习作内容的自觉意识，使"求异求新"在选材这一教学环节中具体化、操作化。

其二，"个性化表达"的是不加雕琢的独特感受。纵观儿童习作，其中的假话、空话、套话有着惊人的相似之处，那是儿童拔高自己的思想，竭力用成人"标签化"的说教方式来写作。习作教学的"个性化表达"就是让每个孩子远离成人言语，鼓励说"梦话"——自由幻想、联想；倡导说"真话"——发自肺腑的，不吐不快的；愿意听"痴话"——天真的、浪漫的童言稚语。面对儿童习作中所谓"消极的""落后的""不健康的"言语，教师不要以自身的道德优势作为评判依据——在评改中一律删除，在讲评中一味批判，而要从"个性化表达"角度加以呵护，给予适当的褒奖。面对儿童的个性化表达，教师不要片面地将习作和

"做人"结合起来，生硬地将习作与"品行"贯通起来，牵强地将习作和作者的"现实表现"拉扯起来，习作就是习作，不要有太多联想和涉及，否则儿童细腻而纤弱的独特感受就会"噤若寒蝉"、隐遁无踪。

其三，"个性化表达"的是适宜文体的自主言说。在当下习作教学中，制约儿童"个性化表达"的其实不是文体习作知识，而是教者附加在习作上的字数要求、修辞使用、好词佳句数量等，这是当前小学生"文风不正""语词漂浮"的根本原因。习作教学的"个性化表达"与修辞无关，与文笔无关，儿童的表达只要是适合文体的，自己看到的，自己听到的，自己想到的，自己亲身实践的，在文体知识支持下写出来的、读者读得懂的"原生态"言语就是个性化表达。"个性化表达"不是一种表达技巧，更不是一种修辞方法，而是一种适合自身言语特征的自信表达，还是一种凭借一定文体知识进行的自在表达，更是一种愉悦自身和读者的自得表达。

其四，"个性化表达"的是与众不同的社会认知。写作"是认识世界、认识自我、创造性表述的过程"。在习作中，常常要求儿童表达自己的观点、意见、态度等，特别是在交际功能类文体习作中尤为明显。在我执教的习作指导课《我建议_____》中，引导儿童针对问题现象，向适合的对象进行建议。在本次教学中，"个性化表达"体现在两个层面：一是发现生活上的不如意的现象，列出建议主题；二是针对不如意的现象，提出合情合理的改进策略。儿童的观察力越高，理解力、思辨力越强，"个性化表达"的水平就"水涨船高"。与此同时，儿童的"个性化表达"水平，还与习作过程中的知识教学有关，教师的文体知识教学越"精准"，引导儿童的思维和理解就会越发深入和独特，儿童的社会认知能力就越强，言语表达就会越"个性化"。

教学对"个性化表达"是一把双刃剑。因此，习作的"个性化表达"教学需要在知识规定与个性开放之间平衡有度，理智选择，拿捏得当，这样教学才能解放儿童"个性"，教学才能有效地促进"个性化表达"。

"空话""套话"当休矣

儿童在习作中说"套话"、讲"空话"的现象由来已久，但由于他们正处在学习写作的起步阶段，大部分教师都有这样的"共识"：小学阶段应当将习作教学的重点放在数量上，要"多写"——练笔持续不断，要"写多"——字数多多益善。因此习作教学在不自觉中沦为"空话""套话"的"发源地"和"避难所"，长期得不到根治，渐渐演化为儿童习作中的一种不良"文风"。

一、"空话""套话"的具体表现

要讨论如何避免习作中的"空话""套话"问题，我以为首先得弄懂在儿童习作中什么是"空话"和"套话"，只有厘清"空话""套话"与"实话""新话"之间的界限，才能有效地引导儿童在写作过程中革故鼎新。

何为"空话"？《现代汉语词典》中解释为："内容空洞或不能实现的话。"儿童习作中的"空话"指的是与文章主旨无关的内容和不着边际、拿腔拿调的"口号语"。譬如习作《我为奶奶当"眼睛"》一文的结尾这样写道："在我们成长过程中，都是家人帮助我们。因此，在长辈有困难的时候，请你们多多帮助他们，无论这件事多么微不足道，也能表达出我们对长辈的谢意。"在这句话中，字里行间透显的"说教"远远大于情不自禁的"流露"。

何为"套话"？《现代汉语词典》中共有两种解释："①指文章、书信中按旧套套写的语句。②特指套用现成的结论或格式而没有实际内容的话。"在儿童习作中，实用文体中的"套路"是表达需要，因此不在本文讨论范围之内，而叙述、说明、说理文体中的"套话"指的是无论什么样的表达内容，每一种文体都以固定的语式和习惯的内容进行表达，以集体思维代替自我思考，以公共语体代替独特感悟。譬如，不少写事的儿童习作通常这样开头："在我的童年星空里，藏着无数颗五彩缤纷的美丽星星，有高兴的，有伤心的，有惊喜的，有难忘的……今天我就摘取其中的一颗来欣赏吧！"如果一个人第一次这样写，还觉得清新脱俗，可是一个人每次都这样写，一群人每一篇习作都这样写，那必定俗不可耐。

"空话""套话"在儿童习作中通常表现在以下几个层面。

"绕"在开头。许多儿童写作喜欢"兜圈子"，常常难入正题，500字左右的习作，"空话""套话"常常过半。譬如"游览野生动物园"，把大量笔墨放在途中吃零食、看风景，在动物园外买纪念品、品小吃上，绕了一大圈，这才进入动物园，刚入正题，却临近收尾了。再譬如写"关爱"，一个人在家写作业，肚子饿了学煮方便面，盛面时烫伤脚，爸爸赶回家帮其包扎、涂药。全文与"关爱"主题相关的不超过50字。绕来绕去，就是绕不到正题上来，这就是常说的"丢掉西瓜捡起芝麻"。

"俗"在过程。翻开儿童的习作，特别是农村儿童的习作，经常会读到一些似曾相识的题材。随着阅读的频次和数量累积到一定的程度，你就会发现，这不是偶然的巧合，而是一个群体性的选材规律。细细梳理一下，儿童习作中常见的题材有这样几大类：

文 体	常见主题	常见内容
记人	同学	以"勤奋"为主题，通常会选择一个攻克难题的情景重点写
	父母	以"爱"为主题，爸妈如何关心自己的学习，如何在深夜送自己上医院
	老师	以"负责"为主题，在学习上严格要求，雨夜为学生补课
写景	校园一角	鲜花盛开，假山喷泉，蜂飞蝶舞
	家乡一景	公园：花美，水美，人更美
状物	用具	文具盒、玩具
	空间	教室、卧室
叙事	交往	捡票子、让位子、送孩子、修桌子
	自主	学车子、学当家、小制作、走夜路
	活动	"贴鼻子"游戏、植树活动、运动会、跳绳比赛

这样的题材在儿童习作中屡见不鲜，甚至历经几十年而不衰；这样的题材在当下的生活中不是不可能发生，也不是当下的儿童不可以写，如果一大群人都这么写，甚至总是这样写，那么儿童自身的生存、生活、生命的鲜活则被遮蔽了。他们已经用一个群体的可能的"真实"遮蔽了自身应有的"真实"，导致了新的"空话""套话"绵延不息。

"道"在结尾。习作一写到结尾，儿童常常一反常态，个个正襟危坐，开始总结经验、道理。无论什么事情——高兴的、难过的、激动的，讲到最后总得跟着一段与他们年龄很不相称、跟习作内容牵强附会的道理。有一篇四年级的习作，是这样"文以载道"的：

有一天，我和妈妈走在路上，忽见两只纠缠在一起的狗，我擦亮眼睛一看，原来是一只狗向另一只狗求爱，被求爱的那只狗显然很不耐烦，一直尝试着挣脱求爱的狗（以下简称狗1、狗2）。而狗1却不停地追着狗2不放，直到它们俩从我的视线里消失。

　　事后，我想，这不就是我们要学习的坚持不懈的精神吗？任何事，只要你用心去做，最后没有办成，才是天大的怪事。"世上无难事，只怕有心人。"这句名言说得那么好，只要坚持不懈，努力奋斗，总会达到你的人生目标。"坚持不懈，坚持不懈"。每当我遭遇困难时，这个场景就会清晰地浮现在我眼前。

　　儿童选择什么样的习作内容，我们无可厚非，小作者只不过将自己目之所及写下来。但是后面的"道理"却让人在大跌眼镜时忍俊不禁。当"空话""套话"大行其道，成为儿童的一种常态表达方式时，其自身的"童言稚语"的生长力自然会遭到遏制，致使儿童误以为只有这样的表达方式才能叫"习作"，只有这样的言说方式才能登上书面言语的大雅之堂。

二、"空话""套话"缘何出现

　　不要以为儿童只有通过"规范"的成人语言学习才会写作，其实儿童天生就是写作者，相对于成人，他们有着自身独特的言语逻辑系统，坦率而真诚，理想而天真，哲学家们称之为"诗性逻辑"。可是习作教学一旦直指教学，以"规范""正确""健康"的言语作为教学目标时，儿童自身的言语系统就会在教学力量下土崩瓦解。当儿童不能用自己的言语方式写作，在各种条条框框的限制下没有言语自由地写作，他们只能亦步亦趋地"学习"，鹦鹉学舌般地"模仿"，当言不能表意，言不能抒情时，形同行尸走肉的"空话""套话"自然就成了他们唯一的选择。

　　不谈技法讲套路。当下习作教学有一个严重的倾向，就是课堂上教师不教训练思维、生长文字的写作知识，而是在教应对考试的言语套路，诸如各种文体开头的套路、过渡的套路、修辞的套路、写具体的套路、结尾的套路。儿童写作时不是想着如何吸引读者来阅读自己的文字，怎样让读者更加喜欢自己的故事，而是怎样走进套路，适合套路，甚至削足适履地满足套路。如果写作一样的内容，全班儿童的言语基本上是同一种"面孔"，同一种"肤色"；如果自由选择写作内容，全班儿童的习作差不多走同一种言语路径，复制同一种言语结构。有些教师对于这样的习作现象自有"合理化"解释：小学是儿童学习写作的阶段，规定性、规范性是习作教学的核心要求，至于言语个性，那是初中、高中的事情。殊不知，"套路式"习作教学，已经完全掐断儿童言语生长的根，让每个儿童成为不折不扣的"套中人"，让每一篇习作言不由衷，套话连篇。

大道盛行不关情。在我的一次公开教学中，一个孩子叙述自己与妈妈之间的斗嘴游戏，结果孩子获胜了，妈妈让步了。课后，一位观课教师认为这堂课"价值取向"有问题：孩子用自己的"狡猾"战胜了妈妈，这是不尊重长辈的表现，教师应当在课堂上即时引导。此观点一抛出来，迎来一片附和，习作教学中的儿童生态由此可见一斑。当下许多教师都认为，习作中的故事主角，不可以"调皮"，不可以"说谎"，不可以"偷懒"，不可以"愤怒"，不可以"指责"，不可以"狡辩"，不可以有任何违背《小学生守则》的行为，这样的习作内容才算"健康"。但是，如果儿童习作中缺失了这些"不可以"，童真童趣就会荡然无存，儿童的游戏精神和童年意识就会无处藏身。当儿童的习作写到了这种地步，冒空话、编瞎话、说大话就不在意料之外，而在情理之中了。

字数不够废话凑。由于教材习作缺乏具体的教学内容，教师的教学目标设定得比较随意。有不少教师发现自己对儿童习作内容和言语形式难以直接掌握，便将唯一的操控管道放在习作的字数要求上，提出习作评价的首要条件就是字数要求：三年级 300 字以上，四年级 400 字以上，五年级 500 字以上，六年级 600 字以上，不达字数一律不合格，必须重写。可悲的是，像这样机械甚至野蛮的教学要求，不是一所学校个别班级的"独门绝技"，而是面广量大的"草根行为"。最难的是儿童，为了凑足字数，可谓绞尽脑汁，把开头拉长，将结尾延伸，多写对话，多分段落，一篇习作中符合主旨、恰到好处的细节很少，而无病呻吟、无关痛痒的冗言杂语充斥在字里行间。

读写结合拉郎配。在阅读教学中，许多教师言语训练意识浓，一触及课文中的精美语句便想着让儿童仿写。譬如仿写《庐山云雾》中的变化多端的云雾姿态，仿写《安塞腰鼓》中热烈、壮阔的击鼓场面，仿写《泉城》中泉水的声音和样子。课文句式整齐、结构精美，多用排比、拟人、比喻等修辞方法，不是大家手笔，就是多位编者精心打磨之作，让刚刚在写作上蹒跚学步的孩童仿写，的确有些勉为其难。可是教学就是这样设计的，就是这样操作的，儿童只能被生拉硬拽地参与到这样的"东施效颦"中。原文中的言语内容被重叠得不堪入目，原文中的言语之美被糟蹋得惨不忍睹，这样的暴殄天物，无异于狗尾续貂，只会大大地降低儿童的审美意识，同时给儿童平添了许多了编造"空话""套话"的空间和意识。

三、"空话""套话"如何根治

"童化作文"教学认为：习作教学的最本质特征是"儿童写作"，让每一个学生说童年话，写童年事，抒童年情。而"空话""套话"是"儿童写作"的最大悖论，是习作教学最需根治和回避的顽疾。就自己的教学实践，我以为可以从以下几个方面入手。

开门见山，有话直说。说空话、讲套话，兜圈子说虚话的"新八股"文风就是始于我们的习作教学。习作教学的根本目的是"教"儿童学习写作，培养儿童的基本写作素养。在这些写作素养中，最容易或缺和忽略的就是良好的"文风"。因此，我们在教学中，引导儿童在习作一开始就入题，写景的习作直接交代景点所在位置，写人的习作直接点明人物特点，状物的习作直接指向说明的对象，叙事的习作则从"六要素"开始。"直截了当"应作为儿童最基本的写作素养来培育，这样可以有效地把"空话"和"套话"阻隔在习作教学大门之外。

引入语体，有话好说。避免儿童说"空话""套话"，一个简单而有效的做法就是引入课文中经典的表达语体，让儿童反复体悟比较，最终模仿学习。譬如写人习作的开头：

叙事式开头：1970年3月17日夜晚，哈尔威船长像平常一样，把"诺曼底"号轮船从南安普敦开往格恩西岛。(苏教版六上第7课《船长》)

反差式开头：他在轮椅上坐了40年，全身只有三根手指会动，演讲和问答只能通过语言合成器来实现。然而，他撰写的科学著作《时间简史》在全世界拥有无数读者。他就是人称"宇宙之王"的史蒂芬·霍金。(苏教版六上第10课《轮椅上的霍金》)

背景式开头：在林肯当选美国总统的这一刻，整个参议院都感到尴尬，因为林肯的父亲是个鞋匠。当时美国的参议员大部分出身名门望族……(苏教版六上第21课《鞋匠的儿子》)

插叙式开头：1955年10月1日清晨，广阔无垠的太平洋上，一艘巨轮正劈波斩浪驶往香港。一位四十来岁的中年人，迈着稳健的步伐踏上甲板……他，就是世界著名的科学家钱学森。(苏教版六上第19课《钱学森》)

在一套教材其中的一册中写人文体就有这样多种开头语体，小学六个年级的两百多篇课文中，写人的文章包含十种以上的开头方式，只要教师做个有心人，引导儿童不断感触，不断比较，不断积累，在以后的写人习作中，绝对不会再一动笔就用"空话""套话"打"头阵"。

解放束缚，有话精说。小学阶段应当严格遵照语文课程标准中关于习作的相关要求，不提倡校本化习作要求，更要杜绝班本化习作要求，让每个儿童在习作前轻装上阵，无所顾忌。每一次习作课，在教学内容上迈小步子，紧紧围绕训练重点，一课一练，一课一得，除了本课教学要领之外，对枝节上自然延伸的知识不作完全要求。这样可以让习作教学不枝不蔓，让儿童写作聚精会神。在习作教学中，教师要旗帜鲜明地强调：有话则长，无话则短，不以字数论高下，要以文质论英雄，让"空话""套话"失去滋生的环境。

针对虚化，有话细说。习作教学中最大的难题就是"写具体"。当下儿童大多在一个浮躁喧闹的环境中成长，生活不留心，观察不细致，动手体验少，这些都是导致习作浮光掠影、不接地气的直接原因。我们的习作教学要针对儿童可能出现的言语虚化，作好充分预设和充足设计，引导儿童避虚就实，化虚为实：一是在习作内容上，指向儿童熟悉的生活，因为熟悉，所以对于事物主要部分了解详尽，对故事的细节感受深刻；二是在习作知识上，面向儿童习作的困境，面对一个习作内容，在习作过程中，儿童会遭遇哪些困境，在哪些环节上可能出现"空话""套话"，教学就从这里开始，以学定教，以难定教；三是在习作讲评上，针对儿童习作的典型问题，在习作讲评前，通过整体浏览，聚焦儿童习作中的集体性缺失，借助师生互动将习作中的"空话"变成实话，将"套话"改成新说。

面向自我，有话敢说。语文课程标准倡导习作要面向儿童生活，鼓励儿童表达自己的独特感悟。可是很多一线教师对于"儿童生活""儿童的独特感悟"的真正意义并不理解。"儿童生活"是区别于成人群体的彰显儿童文化的童年生活样态，这是一个群体性共性特征；"儿童独特生活"却是一个童年生命个体区别于儿童群体的生活样态，这是一个儿童内隐的、秘密的生命世界。我们的习作教学在教学姿态上要面向儿童群体文化，每一次教学让儿童喜闻乐见，每一次写作让儿童乐此不疲；在习作内容上则要指向每个儿童不可复制的自我世界，这个世界就是一个儿童的"江湖"，没有道德高下之别，没有善恶之分，一切都是这个孩子在童年这个特殊时期的游戏活动。习作教学要冲破传统意义的藩篱，让每个儿童敢于分享自己的"独特生活""独特体悟","空话""套话"就会在儿童的习作中无处存身。

"空话""套话"不应当成为童年的言语生态，更不应当发展为一种不良的习作文风。习作教学应当将"真实具体"作为儿童习作的根本目标，将"真情实感"作为儿童习作的最高品质，将"真实写作"作为儿童写作的动力源泉。

"炼字炼句"：习作课堂的细节追求

这是一堂习作讲评课，教师在大屏幕上出示了一段文字：

大鱼缸里，有一只乌龟和一条黑色的小鱼，乌龟开始有些害怕，但很快发现，这条鱼只会跑来跑去的，根本没什么本领，乌龟可能会想："这条鱼，虽然这么肥，但没本事，还不如吃了它，既可以饱餐一顿，又可以没人打扰我睡觉，这不是两全其美吗？"接着乌龟开始进攻了，它轻轻向前一扑，小鱼反应很快，一下子游走了，而乌龟却反应很慢，慢慢吞吞地转过身来，再一次发动进攻，可是小鱼灵巧地一转身，从乌龟的脚下游走了。就这样反反复复了好多次，乌龟快转晕了，这时它似乎懂得一些技巧了：它一动不动，假装晕倒了，小鱼可能是好奇，主动游了过来。乌龟突然一转身，一下子将小鱼拦在一个角落里，小鱼无路可逃！乌龟毫不犹豫，伸长脖子，一口咬了上去，小鱼顿时成了乌龟的口中美食。

教学就从这段文字展开了——

师：这段"乌龟捕鱼"的文字叙述很清楚，很流畅！但不够生动，想想看，问题出在什么地方？请大家认真读一读文字，品一品文味！

（几分钟后，教室里陆续举起了小手）

生："这条鱼跑来跑去"中的"跑"不够准确，"跑"只能在陆地上进行，在水中只能用"游"。

师：这个"游"字改得好，准确地写出了鱼在水中的活动。

生：我觉得这个"游"还不够准确，应该换成"荡"。

师：为什么？

生："荡"字可以体现出这条鱼很调皮，因为它"荡来荡去"，搅了乌龟的好梦，才会惹得乌龟厌烦，才让乌龟产生吃掉它的念头！

师：改得好呀！一个"荡"字，尽显小鱼顽皮的本性！

生："可是小鱼灵巧地一转身，从乌龟的脚下游走了"这句中的"游"字，我觉得不够准确！

师：凭什么这样判断？

生："游走了"是小鱼在正常状态下的行动，可是小鱼现在危在旦夕，它还能这样从容吗？所以我认为应该改成"溜"字！

师：改得合情合理！

生：我觉得还可以改成"窜"字，不仅体现出小鱼逃跑速度之快，还能反映出小鱼紧张的心情！

师：看来小鱼的命运已经牵动了你的心，让我们为这个精彩的"窜"字鼓鼓掌！

（教室里的气氛一下子活跃了！）

生："乌龟突然一转身，一下子将小鱼拦在一个角落里"这句话中，我觉得"拦"用得不够生动，应该换成"挡"，这样可以体现出乌龟的力气大，很霸道！

师：乌龟恃强凌弱，让你很气愤，是吧？改得有意思！

生：我觉得还不够准确，应该换成"逼"字，既体现了乌龟的狡诈，又展示出它凶恶的嘴脸！

师：孩子们，好文章就是这样改出来的，生动的文字就是这样炼出来的！唐代诗人贾岛有两句诗写得好——两句三年得，一吟双泪流！

教学还在继续，孩子们咬文嚼字，兴趣盎然，教室里时而掌声热烈，时而争论一片。此时，一种对自身言语前所未有的关切，渐渐从儿童的心底被唤醒；一种字斟句酌的能力，悄然在儿童心底生长；一种对言语掂量比较、涵泳把玩的习惯也随之形成。

遗憾的是，在当下的习作教学中，这样的炼词磨句训练实在太少了！究其原因，主要有以下三个方面。

一是"磨砺"语言的教学理念在习作教学中明显缺席。在很多小学语文教师的观念中，一直存在着这样的教学认知：小学阶段，儿童刚刚学习写作，能把意思说清楚，做到文通字顺，已经是很不错的了。现行的义务教育阶段语文课程标准中，在第二学段提出"学习修改习作中有明显错误的语句"，言下之意，错误不明显的语句可以忽略不计，如果教师再去引导儿童去改没有"错误"的语句，那就是在揠苗助长；在第三学段中提出"修改自己的习作，并主动与他人交换修改，做到语句通顺，行款正确，书写规范、整洁"，就更与"磨砺"语句无关了，后面的"行款正确，书写规范、整洁"无不体现出这样的理念：在小学阶段，文字的外在形式重于文字内在的内容，"好看"要比"准确""恰当"重要！

二是教师自身的言语敏感力相当欠缺。作为教学管理者，我常常有机会走进习作课堂，听课的过程中，时常有"心痛"的感觉：不少教师对儿童习作中明显的语病视而不见，而对那些灵动的童言稚语却花足力气，大肆进行成人化的"改造"；在有些教师提供的"下水文"中，用词粗糙、随意，甚至还存在零星的别字和病句。这样的语文教师，自身的言语素养先天不足，怎能指望他们引领儿童去推敲文字呢？即使教学中有这样的环节，不是画蛇添足，就是牵强附会。与其有，还不如没有。

三是习作讲评中有重"面"轻"点"的倾向。一篇儿童习作，在大多语文教师的视野中仅仅就是"习作"，很少能站在文学的立场上当作一篇"作品"进行品评和欣赏。因为教师关注的是它整体上的"存在"——段落是否清楚，重点是否突出，开头结尾是否呼应；而很少去关注它细节上的"状态"——用词是否得当，描述是否鲜活，语意是否丰富。前者固然很重要，可是毕竟属于"意识"范畴，只要稍加训练，就可以达到预想目标。而后者却属于"素养"范畴，与一个人的"文心"饱满程度有关，是通过阅读累积、涵泳揣摩、辨析比较逐步形成的，须天长日久，持之以恒。只重篇章"存在"、忽视言语"状态"的习作教学，是没有生长力的，儿童的言语和精神在这样的习作教学中，永远是"平行线"！

那么，在小学的习作教学中，需不需要这样的训练呢？答案是肯定的，不但需要，而且应该不断强化！

叶圣陶先生在《谈文章的修改》一文中说："怎么能不留意一字一语的小节？一字一语的错误就表示你的思想没有想好，或者虽然想好了，可是偷懒，没有找到相当的语言文字：这样说来，其实也不能称为'小节'。说毛病也一样，毛病就是毛病，语言文字的毛病就是思想上的小毛病，无所谓'小毛病'。"说得多么深刻！叶先生将推敲"一字一语"提升到"修辞立其诚"的高度来认识，当成一种"语言习惯"来培塑，这不能不说是一种即小见大，是一种高瞻远瞩！习作教学是整个作文教学的起步阶段，应当立足于"小"和"早"，从最基本的"一字一语"修炼开始，让儿童感受言语的魅力，实现言语和精神的相遇。

我们再将目光转移到国外。美国《马萨诸塞州英语语言艺术课程框架》的"普通写作标准"部分对中小学写作过程中"评价和修改"阶段是这样描述的："带着听众意识、目的和焦点问题重新读。辨析含糊不清及逻辑错误。注意是否连贯、阐述是否具体、是否有细节描写。"（王爱娣《美国语文教育》）由此可见，推敲和磨砺语句，在西方国家不仅有具体的方法，更有明确的要求，并且从小学到中学，一以贯之。这样的观点在美国的另一部著作《第56号教室的奇迹》第四章"写作"中有很好的注脚——"我要我的学生有精确表达思想的能力。我要他们善于写作，不是因为要考试，而是因为好的写作能力令他们终身受用：申请大学时能派上用场，找工作时也能派上用场"。这里的"精确"一词，体现出美国社会对中小学写作教学的一个基本取向。要达到"精确"这样一个苛刻的目标，教师和儿童在写作教学过程中所经历的磨砺可想而知。

再从写作学内在学理上看，推敲和磨砺文字，其实就是"对未来文章语言的基调、语气、风格、节奏等感性内容进行'二次酝思'"（马正平《高等写作学引论》）。其实质是一次写作策略的选择，是一次个体言语秩序的调整。习作教学是作文教学的起步阶段，这个阶段大张旗鼓地突出儿童写作兴趣的激发、写作动力的生成。比较而言，写作知识的传授、写作技能的训练就显得悄无声息，常常隐匿在具体的言语场景中运行。而引导儿童字斟句酌的"二次酝思"，就成了一个鲜活的写作知识生成场域，就成了一个将写作知识、技能语境化、生活化、操作化的平台，就成了一个促使儿童形成写作技能、生成写作智慧的历程。

习作，是儿童用文字创造的精神家园。为了这个家园的完善和适合，需要儿童不断用生活经验、知识技能、智慧耐力去打磨，去锤炼，渐渐地，童心有了光泽，绽放出光芒，这个用文字构筑的精神家园也变得温暖，变得灵动，最终焕发出生命的活力！

习作教学是一个完整的过程

当下习作教学存在着"前习作指导"和"后习作指导"两种说法。将教学指导放在儿童写作前进行，谓之"前习作指导"，将教学指导放置在儿童写作后进行，谓之"后习作指导"。分得如此清晰，是因为当下在小学教学界存在"前""后"之分，"前""后"之争。我以为，这两者倡导的观点本身都没有错，因为儿童写作之前需要必要的指导，否则习作教学的"习"皮之不存；儿童写作也需要作后讲评，否则习作教学的"教"缺乏反馈。但是，如果各执两端，二元对立，这就有问题了。从教育学意义上讲，"作前指导"和"作后评讲"应该是习作教学这一链条中的两个环节，"作前指导"指向教学内容选择、写作兴趣激发、习作知识渗透；"作后讲评"指向写作成果达成情况反馈、习作偏误调整与修正，他们互相依存，不可或缺。

现实的习作教学实践，应当置身在一个完整的过程中，如果我们强调任何一方的特殊意义和功用，对习作教学的实践和成效都是有伤害的。

一、"过程偏倚"的隐患分析

如果我们强调"前习作教学"，这就意味着将所有的"教"放在儿童写作前的环节中，通过"教"来应对习作教学中出现的各种问题。主要环节为：观察阅读，收集素材→创设情境，激发兴趣→明确内容，交流素材→例文引路，引出技法→当堂练笔，达成目标→围绕目标，互动评点→规划布局，完成全篇。从习作素材到内容选择，从范文点拨到技能渗透，从片段训练到写作整篇，从"教"的角度来看，这样的路径，应该是循序渐进，步步为营，似乎无懈可击的。但是站在一个儿童个体的角度来看，似乎还存在这样的教学"隐患"——

一是千人一面、个性缺失。在习作教学中一直存在着这样一个"死结"：不指导，无从下笔；一指导，千篇一律。在"前习作教学"中，从第一步开始，就有着这样的预兆：由于阅读素材由教师提供，不经意之间，阅读中获得的经验暗示儿童将搜集的素材趋向同一个方向；在素材交流环节，儿童存在着较强的从众心理，经过几个回合，全班孩子选择的写作内容很快集中在几个物象和故事上；在技法渗透的环节中，在例文的强烈召唤下，很多儿童都以例文为模板，进行消极模仿。凡此种种，使内容与写法上雷同的风险无法规避，教学引领常常在这里成为教学统领。

二是捶打重点、弱化全篇。体现本课教学目标的重点段落，应该在"前习作教学"的模块中，得到充分的加强和显现：片段引路，引出技法→课堂训练，完成片段→选择典型，互动评改。这样的"教"让在场的每个儿童都能得到鲜明的引导，获得写作某一类习作的具体技法。但是对于这个片段，与整篇习作怎么连贯，开头和结尾怎么呼应，教师似乎无暇顾及，真可谓"收之桑榆，失之东隅"。教师的做法无可非议，因为任何一次习作教学都得有"课眼"，教学不能面面俱到，只能点到为止。因此，教师在习作批改时，就会发现这样的现象：开头结尾非常老套，几乎可以套用在任何一篇同类型的习作中；段落之间连接生硬，似乎有些前言不搭后语；习作题目更是平庸，写人的一律是"我的××"，写事的通常是"一件××的事"。这样的教学，为的是"一点突破"，但实质上引发了"一叶障目，不见泰山"的效应。

如果我们强调的是"后习作教学"，这就意味着将"教"放在作后评讲的环节之中，通过"教"赏识儿童习作中的优点，完善儿童习作中的不足。主要环节为：布置习作，自行完成→批阅习作，寻找典型→赏析优点，鼓励作者→出示缺点，群策群力→自行修改，互相评析。这样的教学模式，让绝大多数儿童成为一个"读者"，一次教学，可以读到若干不同维度的习作片段，不断从同伴的言语中获得学习，受到启发；也让所有在场的儿童成为一个"编辑"，不仅从自己的习作中发现不足，也积极投入到同伴习作的评点中。但是，"后习作教学"有着诸多不可控制的因素，真正使其形成课堂实效，人为的因素起到举足轻重的作用，不是每个教师都能在这样的课型中举重若轻，出游从容。

一是潜在风险较大。一开始，不指导就放手让儿童写，在小学高年级勉强能行，如果放在中年级，不少孩子可能举步维艰。如果一篇习作大部分儿童都没有写到位，那么习作讲评课将从什么地方出发？尽管教师可以针对各种典型问题进行"矫正性"教学，但教学之后，摧毁了绝大多数孩子的写作自信，同时他们几乎在放弃原文的基础上，进行重新写作，这不仅延长了习作周期，而且使教学付出了更多的时间成本，更重要的是加重了儿童的课业负担。根据我多年的教学实践发现，由"教"不到位而导致二度习作教学出现的情况不是偶尔有之，常常时有发生。因此，不"教"而写虽然重视了儿童个性，杜绝了千篇一律，但是没有章法的率性而为，加之写作经验的不完备，"后习作教学"常常让儿童的习作成为一颗颗没有轨道的"流星"，纷乱恣意，让讲评指导难以聚焦，散乱无章，疲于应付。

二是人为因素左右。"后习作教学"对执教者提出较高的素养要求：一方面教师要始终保持一颗"童心"，能从散乱的童言稚语中发现童真童趣，给其他孩子带去更多的"点亮"；另一方面，需要教师拥有较强的言语"敏感力"，能迅速在寻常的语句中感受到不寻常，从而产生教学价值；同时，语文教师还要具备较好的语言"审美力"，能从磕磕巴巴的稚嫩童言中读出诗的节奏和意蕴。对照这些要求，在当下良莠不齐的中国小学语文界，能担当和胜任"后习作教学"的小学语文教师屈指可数。

近两年，我在不同地区听过多堂习作讲评课，作为听众，我很为讲台上的教师着急，因为他们不断错失与儿童美丽言语擦肩而过的时机，明明捏着一粒"芝麻"，却当作"西瓜"在大肆炫耀，让更有教学价值的内容悄然消逝。可以肯定的是，这样的现象不是个案，而是群相，是中国小学语文教学的一个集体性的缺陷。

二、"过程折中"的价值所在

如此看来，无论"前习作教学"还是"后习作教学"，它们的存在都是基于一定的教学场域和特定内容的，如果从习作教学整体过程上看，它们应该自觉地连接起来，该前置的前置，该后移的后移，各居其位，各负其责，并且相互促进，相互融通在一个完整的习作教学中。

情境贵在唤醒。习作教学的情境不可或缺，它要成为激发儿童习作兴趣的"催化剂"，更要成为唤醒各个儿童相似生活的"引燃剂"，教学情境不要成为本次习作教学的写作内容，而要指向在场的每个儿童，让他们在情境中发现自己的生活，寻找到属于自己的故事，获得适合自己的写作内容。习作情境不是为了制造写作内容，而是为了让每个儿童在曾经的生活中发掘到最恰当的写作内容。

例文旨在启示。例文在习作教学中不应该成为儿童习作中争相仿制的模板，无论是内容还是写法都应该焕然一新，给在场的儿童带来思维上的强烈冲击。好的例文不是习作样板，而是给儿童带来情趣，让儿童获得灵感，让儿童的心思豁然开朗，迅即顿悟，产生迫不及待用文字表达自己生活的冲动。例文中渗透的写作知识、技法要自然妥贴，不能人为堆砌，应当和内容融汇在一起，让儿童感到柔和亲切，触手可及。

谋篇借机生成。每一次习作教学都有既定的教学内容，当堂的习作片段训练常常围绕教学内容进行。但是作为教师，一定不能忽视"篇"的教学指导。在习作教学过程中，应当在体现教学内容的重点段落指导基础上，引导儿童向"两边"延伸：一边是铺垫，给儿童个性各异的开头；一边是尾声，让儿童创造出意料之外的结局。谋篇的方法要巧妙，可以贯穿教学始终，譬如在《零食的故事》教学中，教学伊始，我问孩子最喜欢什么零食，然后让他们用文字描述出自己最喜欢的一种零食的形、色、味。在完成零食故事的环节时，已临近教学尾声，我问："如何将零食和故事连接起来？"孩子们一下子明白了，要用过渡句——"关于这种零食，还有一段故事呢"。可以独置于教学的最后，譬如在《调皮的故事》教学中，我利用一幅重点凭借的绘本插图，引导孩子想象：如果在这张插图前面再画一张，你觉得可以画哪些内容；如果在这幅图之后，再延伸一张图画，可能出现怎样的情景。不一而足，不胜枚举。一篇习作就是一个世界，我们的习作指导不是为了规定儿童言语，而是为了让儿童的言语走向丰富。

习作教学的一切秘密都在过程之中，这个过程是完整的、连缀的、不可复制的。一切人为的切分都应该是理智的选择，是基于儿童言语丰富表达的需要，是基于指导过程整体优化的需要。我们不能站在个体感性理解的基础上，寻求出特立独行的教学称谓和价值，这会扰乱习作教学的改革方向，让更多的一线教师无所适从，在盲目的追随中歧路亡羊。

习作教学走向实效的要素和边界

曾聆听过一所有习作教学改革传统学校的两节五年级习作课：第一节是冯老师执教的"看图作文"，第二节是古老师执教的自主开发的情境作文"吹气球比赛"。这两堂习作课，从教学内容上看，同属于场面描写；从教学风格上看，都是"情境作文"。从教学实效的视角来观照，这两堂课既在一定程度上反映出新课程背景下习作教学课堂转型的复杂与艰难，又为我们研究习作教学要走向实效所经历的要素检视和边界厘定提供了鲜活的研讨样本。

一、实效习作课不可或缺的要素

一堂具有实效的习作课必然是各种前提性要素运行的结果。从这两堂习作课实施的结果来看，课堂上所呈现出来的精彩都是教师精心预设的，以"教"为依托和保障的。他们在不知不觉中，勾画出一个实效习作课堂的要素检视框架，这个框架主要包括以下四个逻辑层面。

一是教有内容。习作教学最难把握的是"教学内容"，传统的习作教学片面地将"写作内容"当成"教学内容"，加之现行的语文课程标准中教学内容笼统而模糊，致使习作教学将主要问题弱化为"写什么"的问题，而忽视了"教什么"这个至关重要的问题。而在这两堂课中，两位老师的教学内容却很明确——冯老师教的看图写作，古老师教的情境写作，不约而同地将教学内容锁定为"场面描写"。在五年级教学这样的内容，可谓正逢其时。围绕着"场面描写"这个内容核心展开教学，两位教师的教学路径似乎异曲同工，在课堂上竭力引导学生抓住场面中人物的动作、语言、神态和心理等细节来具体描写。显然这样的教学选择是正确的、可取的。

二是教有重点。有了教学内容，如何展开，如何聚合，这可是一项技术活。在不少习作教学课堂上，我们看到了教学内容的附着点凌乱散杂，教师总是不得要领。而两位年轻教师结合习作内容，鲜明地将各自的教学重点彰显出来。冯老师的看图作文教学中，以图画中的中心人物"小守门员"为指导重点，以此引导学生进行仔细观察，展开丰富想象，从而以点带面，延及整幅图画；古老师的"吹气球比赛"则重点指导学生观察台上自己小组的参赛选手们的动作、语言、神态等具体表现，从而由台上波及台下观众反应。作为一堂指导写活动场面的习作教学，要指导的元素很多，如果面面俱到，就会浮光掠影；只有突破一点，才能带动整个教学面。

三是教得充盈。当下，习作教学"无须教"的观念甚嚣尘上，不少习作课只有写作兴趣的激发，没有写作技法的渗透，让"学"一直原地打转，使"教"可有可无。小学写作教学之所以称为"习作教学"，就是在明确"教"的地位和作用，只有"教"真实存在，儿童的写作水平才会有真正的发展。在这两堂课中，两位教师精心设计教学流程，可谓煞费苦心。纵观两位教师的"教学轨迹"，我们发现"教"显得充分而饱满。冯老师的课堂沿着"观察图画→中心人物→片段示范引导→其他人物→选择画面人物写片段→按顺序整合图画→谋篇布局"的教学路径行进；而古老师的教学则沿着"知识回顾→进行比赛→聚焦场面→片段写作→整体详略布局→题目创意"的环节推进。两位教师都步步为营，精心谋划，显得章法井然，节奏鲜明，充分体现了该校"情境作文"的教学理念和教学方法。

四是教有成果。现在的小学语文教学观摩中，很少安排习作课，原因在于一节 40 分钟的课堂，既要安排"教"，又要体现"写"，似乎太难了。我以为，光"教"不练，怎么知晓"学"的状况？怎么反馈"教"的效果？尽管才 40 分钟，但是练笔必不可少，教什么就要当场练什么，不用整篇，只需一个能体现教学内容的片段即可。难能可贵的是这两位年轻的教师都安排了现场的片段写作，并且进行了当场点评，虽然交流的面不大，但也可以一叶知秋。现场习作交流，再次证明这两位教师教得其所。

体现实效习作课的元素还有很多，但是这四个要素缺一不可："内容"是前提起点，"教学"是运行过程，"重点"是目标内核，"成果"是终结检验，这四个要素贯穿在习作教学的整个过程之中，每一环的运行质量都影响着一堂习作课的整体效能。

二、实效习作课应当厘清的边界

尽管这两节课与当下的常态的一些习作课相比，犹如打开一扇充满新鲜空气的窗户。但我以为，如果我们深入习作教学的内部，站在实效性的角度，进一步考量各教学环节的精确性和适切性，竭力为每个教学环节建立一个明晰的边界，完全可以"教"得更丰富，"教"得更确切，"教"得更通透。

一是习作教材解读准确全面。

教材中习作内容一直饱受质疑，许多个性化习作教学改革，常常是背弃教材另起炉灶。而我倡导的"童化作文"一直坚持着这样的观点：习作教材是一份可贵的教学资源，如果将传统的"教教材"转变为"用教材教"，教材就会焕发出独特的生命活力。冯老师执教的看图作文就是运用的人教版小学《语文》五年级下册"习作二"，遗憾的是对于教材资源，她缺乏足够的精细的理解和解读。这篇教材的导语是"观察上面这幅图画，注意图中的人物，看看守门员是怎样守门的……，想象正在进行的小足球赛的紧张、激烈……"显然，习作要求明确了两点：第一，要观察——观察图画中的人物；第二，要想象——想象图画之外的球赛。纵观冯老师的这节课，她在"观察"这个要求上浓墨重彩，而在"想象正在进行的小足球赛的紧张、激烈"上，未提只言片语，仅仅把"想象"限于在场人物的心理活动上，这似乎"丢了西瓜捡芝麻"，严重偏离了编者意图。

看教材的导语的第二段："除了可以写图画中的内容，还可以写写童年生活中的趣事。"对于这段叙述，执教者在课堂上置若罔闻，习作内容的丰富性与多元性就此被狭窄和矮化了，教学视野显得不够开阔。

一堂成功的教材习作课，首要的是对教材有一个全面而客观的解读：一方面要找到整个语文教材中同类习作之间的关联点，以此排定训练序列，以准确定位本课的教学内容，让本次教学教有基础，课堂运行有目标；另一方面为全班的每一个儿童在教材中找到适合自己的存在，教材主要提供的写作内容有些孩子如鱼得水，有些孩子水土不服，那么在兼顾整体教学内容的同时，去看看教材在写作内容上是否还有其他内容朝向，让所有的孩子都能在写作内容中发现自己的影子。

二是教学内容构建具体适当。

一次习作训练，有了写作内容还远远不够，还需要有适合该年龄段儿童的教学内容，否则习作教学将"教"之不存。教学内容是由习作知识、技能、方法和操作流程构成的，必须具体而实用，对所有学生完成本次习作有支持作用。基于这样的认知，我们来分析一下两位教师对于教学内容的呈现过程。

冯老师执教的"看图作文"，将教学内容定位在人物的动作、神态、心理活动等细节描写上。作为五年级学生，我觉得这样的内容确定有点粗糙，缺乏宏观上的应对与把握。五年级的"看图作文"到底应该教什么呢？其实教材的写作导语写得清清楚楚：一是观察图画内容——这幅图画上的人物很多，画面背景也比较复杂，首先要给这个故事场面一个观察顺序，或者说写作顺序，可以从个体到群体，也可以从群体到个体，可以由景物到人物，也可以由人物到景物；二是想象足球赛的激烈——直接描述画面内容是正面描写，想象画面的精彩球赛是侧面描写，有了这个"侧面"，"正面"才会具体丰满。基于此，本次看图作文的教学内容应当具体为："有顺序地描述故事场面"和"正面描述和侧面想象相结合"。只有"教"得上位，"教"才能总是走在"学"的前面。

再看古老师的"活动作文"。古老师将教学内容具体为"详略得当""点面结合"。针对写作内容，这样的教学内容没有问题，可是问题在于他对教学内容的理解是偏颇的。关于详略，在"吹气球比赛"这个场面中应该分两个层面：一是大场面，即三场比赛（包括男生比赛、女生比赛、男女生决赛），所谓"详略得当"，到底详写哪一场，略写哪一场？二是小场面——每场台上都有四位选手，应该详写哪几位，略写哪几位？古老师在课堂上只关注了大场面，而没有关注到小场面，并且人为规定出一个详略的界限："台上选手和气球变化要详写，台下学生反映要简略写。"这样的要求未免太武断，太片面。关于点面，在本次活动中，所谓的"点"和"面"也应当分两个层次：一是参赛选手描写应当有点有面，二是台下观众描写也应该点面结合。古老师的教学指导中，台上选手表演只有"点"，而忽视了在"面"上的关注；台下观众反应只有面——大家都"拍手""呐喊""哄笑"，却缺乏"点"的发现——有的同学捂着耳朵，担心气球爆炸，有的同学张大嘴巴，瞪大眼睛，做出夸张的表情。对于教学内容，必须结合写作内容理解全面，这样指导才会具体深入，对儿童的言语成长才会有真正的帮助。

在强调教学内容呈现要具体的同时，不能丢掉"适切"，即每一次习作教学不能都是零起点，教师要给每一次写作训练确定适合的教学内容，删去前面已经教过的，放弃当下还不适合教的，让每一个儿童都能对教学内容既不感到突然，又不感到遥远。

三是课堂指导力求切实可行。

在习作教学中，经常发生"万金油"式的教学指导：写景的习作，一律是顺序观察，抓住景物特点写；写人的习作，以"抓住外貌和性格特点写"一以贯之；叙事的习作，按事情的发展顺序写。从三年级到六年级，都是一个标准，都是一种腔调，让每一次习作指导丢弃了独特性、针对性、阶梯性，无怪乎会出现习作教学"不要教"的论调。

遗憾的是在古老师和冯老师的课堂上也看到了这样的误区，他们最多的指导是抓住"动作、语言、神态、心理"等细节写。这样的选择没有错，但是一节是看图作文，一节是活动作文，一静一动的两堂习作课，即使是人物的动作、语言、神态、心理也应当是有区别的。以动作为例：看图作文是画面中的"动"，那么如何发现与想象出人物的"连贯动作"是关键，活动作文是真实场景中的"动"，如何教给学生捕捉人物动作的方法是关键，着眼点上泾渭分明。再以心理活动为例：看图作文中的心理活动是观看激烈比赛时的"紧张"，活动作文中的心理活动是置身热闹场面的"兴奋"，基调上对比鲜明。

另外，在第二节活动作文课上，关于篇章结构方面的教学，教师只是简单地提到"详略得当"，这样的教学未免太笼统了。哪一场比赛要详写？每个学生的取舍标准不一样。还有详写的如何"详"？略写又该如何"略"？教师在教学中应该给刚刚走上写作之路的孩子一个可以自主操作的边界。

儿童在学习写作，作为教师尽管不能越俎代庖，但是也不能放任自流，必须在起步阶段给每个儿童构建一个规划的写作标杆，让他们清晰地知道一篇习作该怎么来写，该写到什么程度，遇到岔道口，该如何选择，这些写作意识，需要在每一次习作训练中逐个细化，逐步达成，确保每一次习作教学不仅仅是完成一篇习作，而是在慢慢蓄积一颗饱满的"文心"。

四是教学时间分布体现主体。

在当下稀缺的习作教学观摩中，更多看到的是一些活动作文课。执教者选择这样的教学组织形式，一方面是为了解决写作内容问题，另一面是课堂热热闹闹，儿童情绪亢奋，课堂呈现有观赏价值。在这些活动课上，不约而同地形成一种态势，就是先活动，后作文。这样的做法值得商榷，我最担心的是活动喧宾夺主，习作成为活动的附庸。

古老师执教的活动作文课，我细细统计了一下活动时间，长达 20 多分钟。而真正教学指导 7 分钟，学生写作只有 5 分钟，这个比例是失调的。活动习作课并不是不可以上，关键在于怎么上。我们为什么不将活动置于习作课堂之前呢？选择适当的时间，让活动充分展开，在活动过程中，可以捕捉一些典型的画面或场面拍成照片或视频，在习作指导的过程中呈现，这样就调动了儿童参与的兴趣，又能进行深入而有针对性的习作指导，习作教学可以教得从容，儿童可以写得尽兴，习作课可以名副其实。

习作教学是语文课程的一种形态，主体的教学内容应当置身于课堂教学之内，一切教学活动必须为教学内容顺利实施服务。有活动，儿童可以更好地写作；没有活动，因为教学，儿童可以写得更好。

“要素”是习作课谓之习作课的外在之象，而“边界”是习作课走向实效的内部构造。一堂成功的习作课不仅要靠外在的“要素”搭建教学结构，还要靠内在的“边界”将一些影响实效的元素隔离在教学之外。因此，习作教学是一门无中生有的技术，它是教师运用构建“要素”和划分“边界”的教学技术手段，将儿童原本消逝的生活唤醒，生成可写可读的鲜活文字；习作教学又是一门风成化习的艺术，它尊重儿童哲学，激发儿童精神，让每个儿童在“要素”和“边界”相互作用之下产生写作兴趣，生发写作意识，生成写作智慧。

拆除"隔断"，实现"连通"

——小学、初中写作教学衔接的困境与突破

在基础教育界，盛传这样的段子：初中语文教师对刚入学的初一新生说，请将小学里学的语文知识丢掉；高中语文教师对刚入学的高一新生说，请将初中里学的语文知识丢掉。我长期身处小学，对初中和高中教师的说法不敢妄言，仔细揣摩，不难发现，长期以来小学、初中、高中在语文课程和教学层面一直互为"堡垒"，缺乏彼此的呼应和通联，形成了彼此"老死不相往来"的鼎立局面。当然，写作作为语文课程与教学的一个重要板块，三段隔离的"境况"尤为严重：高中教师指责初中教师没有教好写作，初中教师指责小学教师不会教写作，小学教师指责初中、高中根本没有写作教学，小孩子上了初中和高中都在吃小学的"老本"。如何打破学段之间的隔阂，走向彼此理解和贯通？作为一名小学教师，应当在小初写作教学的衔接上踏出第一步。

一、学段隔离：写作教学小初衔接的瓶颈

"盲人摸象"的故事，其实就是小学、初中、高中写作教学隔离的一个极佳隐喻。小学、初中、高中三个学段，其实各自摸到的都是"写作课程与教学"这头"巨象"的一部分。对于其中任何一方来说，他们触摸的都是"局部的正确"，如果就此作出"象"的整体性论断，片面和失误无法避免。而导致"局部的正确"的根源在于当下的语文课程和教学、

教师专业发展的指导思想出了问题。

教材编排的"断章"。目前，各种主流版本的语文教材中，有的出版社只出小学教材，有的出版社只出义务教育阶段教材，有的出版社三个学段教材兼顾。不同出版社所出的小学、初中、高中教材之间没有衔接成了再自然不过的事情；即便同一个出版社，各个学段的教材主编都各有其人，编写人马各有一班，各管一段，"各敲各的锣，各打各的鼓"，彼此之间也缺乏持久关照和交流。教材审查部门一般只看政治性、学科科学性、教学操作性等，对于学段之间的衔接性往往关注较少。因此，写作教材在内容、教学内容上，学段之间的"断裂"是先天性的缺陷。

学段教学的"悬置"。理想化的写作教材，应该从小学开始，拾级而上，形成一条螺旋攀升的知识线条。事实上，基础教育各学段的写作教学，自成体系，甚至在有些学段教学中根本没有体系。如果初中写作教学不以小学写作教学为逻辑基础展开，高中不以初中为教学的出发点，那么各学段写作教学都"悬置"在空中，随意性成了家常便饭，重复性已经不言而喻。而学生的书面言语发展是有逻辑基础的，它需要层层推进，步步为营，可写作教学却这样偏偏"不靠谱"，所以当下学生的写作水平基本是个体的随意"习得"，而不是依靠课程与教学的自觉"学得"。当我们每个学段的语文教师对自己的写作课堂"劳作"欣然自得时，殊不知我们今天的教学可能不是与学生原有的知识经验"重复"，就是与已经建构的知识系统"冲突"。教师原本以为"教过"的，而学生却素未谋面；而教师认为的"教学重点"，或许学生之前已经耳熟能详！这导致许多学生高中毕业，不知道自己在写作上学到了什么，甚至连基本的"语用"文体都不会写作。

专业训练的"狭窄"。我国教师的专业发展之路是基于自己所在学段铺展的。通识培训之外，小学、初中、高中语文教师的培训都是各自为政的。小学教师不知道初中写作教学何为，初中教师也不知道小学、高中写作教学教什么，高中忙于升学和应试，更无暇关注下游写作教学动态。加之各种教育研究期刊办刊思路的调整，刊物出版越来越走向"精细化"，面向的读者越来越具有"精准性"，一份语文教学研究期刊常常分为小学刊、初中刊、高中刊，原本可以相互了解的一扇窗户也就此关上了。因此，基础教育语文课程与教学的学段之间教学和研究几乎处于"双盲"的境地，彼此都因为"不熟悉"而敬而远之。如果写作教学的上下游之间已经"断流"，那么从事写作教学的各学段语文教师几乎自成"王国"，圈地为"牢"，各自称"王"。

"隔离"造成了陌生，"隔断"产生了陌路。小学、初中、高中写作教学成了三条永不相交的"平行线"，可以看见但不能相遇；成了三块身处异极的"磁铁"，可以遥望但不可以近观。

二、构建"连通"：写作教学小初衔接的基本样态

小学、初中写作教学贯通，应当是大势所趋，众望所归。但是如何衔接，这是一个客观而现实的命题。是小学主动与初中衔接——根据初中写作课程设置和教学方式，小学在高年段主动与初中进行对接，还是初中主动与小学对接，根据小学写作教学内容和儿童已有的写作知识经验，以此调整课程设置和教学？事实上，这两种方式都不合适。小学处在初中的"下游"，小学无论如何去对接，都会充满"鲤鱼跳龙门"的焦灼和辛苦，甚至还会造成"半身不遂"的后果；初中处于小学"上游"，初中对接小学，初中语文教师就会面临"水往下处流"的尴尬，如果没有课程和教材直接支撑，他们往往难以俯下身姿"屈就"小学。

"连通"是一个物理学的概念，是讲"几个底部互相连通的容器，注入同一种液体，在液体不流动时连通器内各容器的液面总是保持在同一水平面上"。小学要和初中自然衔接，首先应当将其放置在同一个逻辑起点上，好比大象的"耳朵""鼻子""腿""身子"，它们都是身体的一部

分，各自承担着相应的功能：小学写作教学立足学生写作兴趣培养，初中立足学习各种文体的写作规范，高中以文体为基点，走向个性写作。小学写作教学弘扬的表达兴趣弥散在初中和高中，并且程度在加深；初中倡导的文体写作规范在小学已经"入格"，到高中已经"出格"。就这样，小学、初中、高中写作教学都能平等而立，拥有各自应有的"深刻"和"高度"。

教材连通。教材是写作教学的重要抓手，更是打通各学段隔阂的关键所在。研究表明，写作是一个包含"停顿—回顾—开始—重新开始"的循环往复的过程。基础教育各年段的写作教学应当在教材建设方面加强沟通，从写作的本义作为"连通"，去开掘和发现各学段可以对话和融通的内容。小学和初中在这个方面有独特的优势，因为都属于义务教育阶段，执行的是同一册课程标准。应当说，更容易找到互通的逻辑起点。对于现行的各学段教材，我们可以站在"用教材教"的角度，选择一个具体的视角进行"连通"——可以是写作动力方面的，可以是写作内容方面的，可以是写作评价方面的，可以是教学内容方面的，可以是知识教学方面的，通过梳理就会发现，原来小学和初中写作课程竟然有如此之多的相同之处，在本质上都是指向人的交往需要，都在激发人的写作欲望，都在培养人的写作技能和写作智慧，小学写作教材在一个话题和教学内容上"开始"，在初中常常是可以"回顾"，并且"重新开始"的。

文体连通。在小学写作教学中，是比较淡化文体训练的。但是，淡化并不意味着不需要文体教学。"文体"可能是小学和初中衔接最好的"中介"。对于"文体"，在小学和初中有着不同的话语呈现方式：小学侧重于言语内容，形成了记人、叙事、写景、状物和实用文体等文体类型；初中则从言语形式角度来分出记叙、议论、说明等文体类型。其实，它们在言语表达的本质上是相通的：记人叙事可以归纳到"记叙"，写景状物可以纳入"说明"，实用文体其实通向"议论"。小学的写作教学常常是从"写什么"出发的，而初中的写作教学一般是从"怎么写"出发的，在各自的教学中，其实互为"镜像"，相互"映射"，从小学到初中，是一个循环渐进、曲折前行的过程。看到这样的文体"连通"，我们不难发现，小学写作教学走的路，学生所获得的知识和技能，对初中而言，绝不是毫无意义的，而是充满着宝贵的感性认知价值。

教学连通。有了衔接的中小学写作教学，应当有一个重要的"地平线"，那就是在教学的微观操作层面彼此照应。在小学阶段，教学内容选择、知识技能训练都应当注意"留白"——不能教得太全面和细致，宜"粗"不宜"细"，不要试图做出突破学生认知水平的教学跨越；在初中阶段，不能漠视已经发生和经历的小学写作教学，应当和学生一起理出小学曾经的"终点"，从而找到当下的教学"起点"；同时初中写作教学不能教得太死板和绝对，宜"聚"不宜"散"，不要忘记给后面的高中写作教学留下布白。各学段的语文教师都要确立本学段适切的"教学高度"和厘清本学段明晰的"教学边界"，既要有"各扫门前雪"的责任和担当，也要有"为他人做嫁衣"的胸襟和气度。

教研连通。教研活动是推动中小学写作"一体化"的重要平台。小学教师是不知道中学教师如何上写作课的，而中学教师对小学教师上写作课的路数也知之甚少。各学段的语文教师对其他学段的写作教学认知几乎停留在自己当初求学时所经历的写作教学经验上，相互陌生造成彼此误解。让中小学写作教学走向贯通和融合，江苏的两位高中语文教师就走在了全国的前列。一位是常州高级中学的郭家海老师，他以名师工作室为依托，在中小学写作教学教、学、评一体化方面取得了可喜的进展；南京市教学研究室高中语文教研员徐志伟老师以课题为抓手，在小学、初中、高中写作教学贯通研究上，也进行了积极的探索。他们用一个个主题明确的教研活动，大力拆除横在学段之间的"隔断"，竭力化解学段教师之间的"误解"，尝试构建贯通全学段的写作教学课程。

在小学、初中写作教学的衔接上，我们的教材编排需要打破原有的格局，实现学段的跨越；我们的教学需要超越庸常的视界，看到更为宏大的语文课程疆域；我们的教师需要突破自身的局限，对自己所任教的写作课程学会"瞻前顾后"，既要远眺前方的风景，又要回首曾经的风雨。彼此尊重对方的"高度"，小初写作教学才能赢得合作；相互找到对方的"起点"和"终点"，小初写作教学才能实现贯通。

第三章

源于生活的教学指导

$$\vee$$

在这间"写作教室"里，参与写作学习的，不仅仅是学生与教师，还有一个庞大的家长群体。他们与学生朝夕相处，他们对学生的写作学习关怀备至，他们的理念和行动，直接影响着写作课程的实施水平与质量。因此，培养"会写作的家长"也是"写作教室"应有的担当。

避同求异"抓特点"

　　每天放学，成百上千的家长黑压压地拥堵在学校门口。孩子们鱼贯而出，纷纷扑向自己所熟悉的那个面孔。他们为什么能在纷乱繁杂的场景干扰下，一下子找到自己的亲人？因为每个孩子天生都会"抓特点"。

　　每个孩子都会"抓特点"，可这种本领并没有淋漓尽致地发挥在写作上。原本个性鲜明的人物、景致、事情到了孩子笔下，大多就成了乏善可陈的"芸芸众生"：写到外貌——"宝石般的大眼睛炯炯有神""高高的鼻梁""樱桃小嘴"；写到人物的特点——"妈妈很勤劳""爸爸工作很认真""奶奶很唠叨""老师很负责"。这样没有"特点"的素材，被一代又一代学生不知不觉写了几十年。

　　我在苏南某城市的区教研中心供职的时候，毕业语文测试中安排了这样一道习作题：在你的成长中，一定帮助别人做过许多事情，譬如"帮爸爸戒烟""帮妈妈做家务"等，请在这些事情中，选择其中的一件写下来。结果，在全区三千多份试卷中，有74%的孩子写的是"我帮爸爸戒烟"。每个孩子的生活都很有"特点"，可是一到习作中，便不约而同地九九归一。

一、"特点"难"特"之源

　　每个孩子的家庭构成不同，生长环境不同，伙伴朋友不同，每人都有着与众不同的独特生活，可惜在他们的习作中却不能体现各自的"特点"，到底是为什么呢？

一是日常生活中的"从众"。各种交际场合中，亲朋好友只要一碰头，聊的都是别人家最近怎么样——买了大房子，换了新家具，添了新首饰，剪了新发型，置了新车子，去了新地方；然后，就说自己家里也准备怎样跟着变化。平时家常过日子，自己家庭里只要打算干什么，就先说别人家在这个方面怎样，我们应该怎样。天长日久，孩子在这种交流氛围中逐渐耳濡目染，无论是做事，还是思考问题，总是先看别人是怎样的，然后自己也该这样。

二是家庭教育中的"思齐"。我们父母在教育孩子的时候，总是"见贤思齐"——看到同事家的孩子报了什么特长班，参加了什么兴趣小组，转进了什么名校，如坐针毡，立马摩拳擦掌，跃跃欲试；看到孩子的同学获得了什么大奖，考试得到了好的名次，如临大敌，马不停蹄地进行全家"总动员"，并对孩子的学习层层加码。这让孩子觉得，学习不是为了发展自己的个性，而是为了照顾父母的面子。

三是学校管理中的"求同"。现代教育造就了班级授课制。只要是集体生活，个性的想法和做法势必遭到遮蔽。统一校服，统一坐姿，统一出操，统一讲解，事事追求训练有素，整齐划一。在一个班级，有点个性的、做事出格的、敢于表达的孩子，常常会被打上"问题孩子"的烙印。教师经常这样教育孩子："怎么要求，你就怎么做，我肯定是为你好的！"这样的校园生态让孩子觉得：我自己的想法和做法不重要，和老师想到一处，做在一起，这才是最重要的。

老老实实跟着别人的节奏，不过分追求自己的存在感，你才能成为大家眼中的"正常人"。"求同"多了，"存异"自然就少了。看什么都是看到共性，做什么都遵循已有程式，写什么都按照所熟知的话语体系，孩子的独特感知力在逐渐丧失，"抓特点"渐渐成了一种写作"奢侈"，一种只有作家才拥有的"专利"！

二、"特点"修炼之旅

每个人都是这个世界上独一无二的存在体，包括儿童。每个人的"存在感"必须从小进行珍视，并不断给予呵护和修炼，这是我们父母责无旁贷的大事情。

幼儿园时期，你可以跟孩子玩"找不同"的游戏。先从两幅内容和色彩接近的图画开始，引导孩子发现在基本相同之后的细微不同；慢慢地，再从两幅主题相同的图画开始，让孩子先找到相同的地方，再找出差异；随之，静止的图画换成动态的视频游戏，让孩子在运动的画面中捕捉瞬间的不同。循序渐进的游戏，不断训练孩子"找不同"的能力，并让"抓特点"成为他们的行为习惯。

孩子进入小学，你要经常带他们散步，每次可以选择不同的路径，让新鲜的景物和事情不断冲击孩子的感官；可以在不同季节走相同的路径，让孩子发现周围世界的细微变化；当遇到孩子特别感兴趣的景物、事情时，不妨和孩子停下脚步，慢慢欣赏。这时，不妨引导孩子将自己的独特发现写成"自然日记"。

星期天可以带孩子到菜市场去，在感受热闹之余，不妨让孩子去仔细观察不同人的外貌、穿着、动作和语言，不同蔬菜的颜色、形状、气味。卖肉的人和卖蔬菜的有什么差异？油菜和菠菜有什么不同？大闸蟹和梭子蟹如何区分？剔除相同的，把握不同的，"特点"就凸显出来了。这时，不妨引导孩子写写"素描日记"。

孩子到了中高年级，可以和他们一起培植一些小盆栽，从种子落地到生根、抽芽、长叶、开花，让孩子不停关注植物的生长变化；还可以和孩子一起养养金鱼和乌龟，小狗和小猫，经常去和它们玩耍、游戏，及时发现它们身体的变化，慢慢了解它们独特的生活习性。这时，可以引导孩子写写"生长日记"。

孩子有了一定的社交能力后，要尽可能让孩子与不同职业、不同角色、不同身份的人进行交往，让孩子学会与各种类型的人打交道，增加社会阅历。孩子每认识一个新人，经过初步交往后，引导孩子写"人物日记"，力求写出各自不同的"脸谱"。

在引导孩子仔细观察、分辨特点的过程中，诸位家长不要有贪多求全的心理，更不要一味强调观察顺序，关键是引导他们抓住一个人、一件物、一处景、一件事独一无二的地方。"抓住一点不及其余"，这里的"一点"，就是首先映入眼帘的，就是当时印象最深刻的，就是事后久久不能忘记的，就是一想起它们首先浮现在眼前的画面。

三、"特点"训练之法

孩子学会"抓特点"写作，不是一朝一夕的事情，除了需要持之以恒的训练，更重要的是要在观察和认知方法上加以指导。

一是"第一印象法"。孩子和陌生的人、事、景、物第一次打交道时，一定感到好奇和新鲜。这时留下的"第一印象"，就是所观之人、所遇之事、所见之物卓尔不群的鲜明特点。譬如一个人的"口头禅"和"习惯性动作"，一处景物的"最大的亮点"和"最好玩的地方"等。"第一印象"是瞬间感受，时间一长，孩子就会司空见惯，所谓的"特点"就会逐渐模糊和暗淡。所以，一旦产生"第一印象"就应该引导孩子在"第一时间"记录下来。

二是"同类对比法"。孩子不是作家，他们还不具备敏锐的观察力。因此当面临的人、物、景、事难以捕捉特点时，不妨使用"同类对比法"，将这些人、物、景、事与周围的同类进行比较。譬如写无锡小笼包，不妨拿上海小笼包作对比，相同的部分逐一排除，剩下的不同部分就是各自的特点：无锡小笼包汤汁偏甜，上海小笼包褶子较多。兔子的"三瓣嘴""短尾巴""后腿长"就是和其他食草动物对比发现的；一个腿脚不便的残疾人走路的特点就是和正常人走路作对比凸显出来的；说某个人在某天"怪异"就是和他平时的行为作比较时判断出来的。可以这么说，抓"特点"就是同类相比，排同存异。

三是"局部变化法"。"抓特点"有时不是立竿见影的事情，需要一个漫长的过程。当我们描述一种生物的生长过程时，就需要持久而耐心的观察，渐进从一种生物局部发现颜色、形状、气味、习性等诸方面的变化。刚出生的小猫与满月的小猫，无论是饮食还是活动都大相径庭；刚刚萌芽的豆瓣和已经抽叶的豆苗，无论是颜色还是形状都千差万别。我们要引导孩子，针对一种事物的相同部位和同一个方面进行持久的关注，及时记录下它们成长过程中所发生的变化。这样，孩子对一种生物的成长过程就会熟烂于心，笔下的文字自然特点鲜明，具体鲜活。

四是"归纳总结法"。人是最善变的动物。写作中要捕捉一个人在性格、爱好、品行方面的特点，就需要借助一连串具体的事例来进行归纳和总结。譬如写爸爸——每天早上一直睡到上班前半个小时才起床，星期天要睡半天觉，爸爸只要待在家里，大部分时间都在床上度过，通过这样一系列事例可以归纳出爸爸"爱睡懒觉"的特点；再如写妈妈——家里的衣食住行都是通过网购，因为网购忘记了接我回家的时间，每月的工资基本上都用于网购，妈妈"爱网购"这个特征便呼之欲出，跃然纸上。用事实说话，用事例见证，就是"归纳总结法"的要义。

当然，"抓特点"方法还不止于此，需要我们的家长和孩子在平时的阅读和观察中不断摸索，不断创造。当你的孩子对这些方法运用自如，并且自己能总结出方法时，"抓特点"对于他来说已经成为一种浸入血液和骨髓的自觉意识了！

"漫写"与"慢写"

　　每个孩子学习写作的过程都要经历两个阶段：一是自由任性阶段，想写什么就写什么，想怎么写就怎么写，可以称之为"漫写"；二是有目标、有针对性地写，写具体，写生动，有意而作，可以称之为"慢写"。"漫写"培养的是一个儿童对写作的兴趣，而"慢写"关注的是一个儿童写作能力的真实提升。

一、"漫写"收不得

　　每个孩子都有表达的天赋，只是有的喜欢用文字，有的喜欢用线条，有的喜欢用嘴巴，还有的喜欢用动作。我们家长能做的就是给予表达的自由、表达的空间，更重要的是找到最适合的通道，引导不同儿童的表达向着文字化方向迁移。

　　当孩子刚刚开始表达的时候，作为家长，我们只能听之任之，松之放之。当他们还不会写字时，可以用线条画，想画什么就让他们画什么，想在什么地方画就可以在什么地方画，不要在乎孩子画什么，画得美不美，要知道，这是一个孩子在向周遭坦露神秘的童年世界。这时父母能做的、要做的就是成为一个真诚的欣赏者和倾听者。当孩子会用拼音了，会写一些简单的字了，这时候鼓励孩子用图画、拼音和文字交替地进行表达和呈现。在家庭里，应当为孩子准备一个画板和若干白纸，想画就画，想写就写，还可以边画边写。等孩子上了小学，开始学习写话时，家长不应当给孩子规定写什么，要求朝着什么方向写，强调以什么样的言语形式来写，只是鼓励他们写自己想写的事情，写能让自己快乐、高兴的内容：可以在吃完一道美食以后，写一写美食的滋味；可以在参加一个娱乐项目以后，写一写神奇的经历；可以在听完一堂有趣的课以后，写一写自己的所获所感；可以在读完一本喜欢的书后，写一写故事的新情节。

亲子读写绘。父母和孩子共读一本适宜的绘本或者儿童小说，在孩子特别感兴趣的情节处，让他们结合自己的生活，展开自己的想象，画一画，并给自己的图画配上相应的文字。譬如一个家长和孩子读完经典绘本《逃家小兔》之后，鼓励孩子创造图画，仿写文字："如果你想离家出走，我就变成门神将你拦住；如果你变成门神，我就变成蚂蚁，从门缝里钻出去；如果你变成蚂蚁，我就变成调皮的孩子，把你捉回来……"图画在延续，文字在生长。

空间连连看。孩子刚刚走向文字表达，最常见的遭遇是无从着笔，无话可写。这时家长不妨引导孩子走进家中的某个空间。第一层面是"现实连连看"。先列举这个空间有哪些物品，譬如厨房，让孩子尽量罗列出所有物品，然后引导他们运用方位词语，将这些物品用文字有条理地叙述出来；第二个层面是"梦想连连看"，将一个空间的所有物品，模仿"玩具总动员"和"赛车总动员"的故事情境，以一个中心事件让它们交汇和融合在一起。"连连看"就是让孩子发现文字的"魔力"——让事物之间产生联系，让事物之间生长故事。

童话解释法。儿童对一切未知的世界都充满着好奇和幻想，家长要充分利用儿童对未知世界的憧憬，引导儿童用"童话"的方式理解和表达自己的认知。譬如，女生为什么不长胡子？为什么太阳在夜晚不出现？露水是不是天空的眼泪？我是不是妈妈从超市买来的？……每一个好奇的背后，都是一篇童趣盎然的故事。当孩子有各种各种的疑问时，家长不妨避开理性的科学回答，用儿童喜闻乐见的感性"童话"来解释世界，也许能更好地打开儿童的言语大门，更能缩短儿童与文字之间的距离。

在"漫写"阶段，一切随心所欲，让文字自然恣意；一切皆有可能，用故事连贯文字；一切遵循童真，让文字演绎童话。在这个阶段，任何限制，都是儿童拒绝和恐惧写作的根源；所有放纵，都是儿童亲近和喜爱写作的可能。

二、"慢写"急不得

在小学高年段，一个经历明明体验丰富、波折重重，可是一旦成为习作便浮光掠影、浅尝辄止，特别是精彩的瞬间场景，到儿童笔下，几乎被一笔带过，或者忽略不计，这让很多家长忧心忡忡。这时，我们不妨让孩子的经历和视觉"慢"下来，在"慢"中捕捉人物的细节，在"慢"中延展故事的进程。

一波三折。在一件事情的叙述过程中，要有意识地引导孩子，不要让故事结尾来得太快。"曲折"才是故事吸引读者、精彩耐读的缘由。任何故事的铺陈，都要做到一波三折："前进—障碍——克服—障碍二—再克服—障碍三—继续克服—成功"。几经挫折，才能拨云见日；几个回合，方可精彩纷呈。在孩子阅读的大多经典文本中，无不呈现这样的表达规律；在孩子喜欢的任何艺术作品中，都周而复始地套用着这样的审美常识。

慢速特写。在生活中，精彩的画面常常就在一瞬间，而孩子却不具有作家特有的洞察力。这时，作为家长，我们不妨运用现代科技手段，将即时的瞬间"撕扯"成慢镜头，一帧一帧地播放给孩子看，让孩子观察到场景中主要人物动作和表情的渐进变化。譬如灌篮的一瞬间、足球踢进球门的一刹那，引导孩子用一系列的连贯动作描述出来，用丰富的面部特写呈现出来，三秒的瞬间就会在文字中被拉长为三分钟的精彩，甚至还原为三十分钟的来龙去脉。

形象分解。在孩子的笔下，经常会出现"心旷神怡""回味无穷"等抽象的字眼，这是一个儿童内在感觉的"闪现"。因为这些词语的出现，孩子的习作就此大大"缩水"。因此，作为家长，要在此处引导孩子将自己看不见、摸不着的感觉具体化、形象化，习作就会再次"加长"和"丰满"。譬如春风中的花香，可以将一个"香"字分解成直观可感的形象：桃花仙子身着粉色的彩妆，绽开灿烂的笑脸，欢迎翩翩而来的五彩斑斓的蝴蝶姑娘；百合仙子一身雪白的长裙，摆动着细长的身姿，向所有参加舞会的来宾点头致意……化无形为有形，变静态为动态，所谓的"具体"和"生动"就可以这样如约而至。

　　"慢写"就是"慢慢走，欣赏啊"。有了"慢写"，孩子的文字从此告别干巴和无趣，走向丰盈和润泽；有了"慢写"，孩子的习作少了无助和无奈，增添了章法和情趣。

　　"漫写"发生在孩子刚刚踏上写作之路的初级阶段，而"慢写"则是孩子写作能力提升的必然选择。从"漫写"到"慢写"，是从感性走向理智的过程，是从出格走向入格的过程，是一个孩子的习作实现华丽转身的关键节点。

用写作"照亮"旅程

如今物质生活比较发达，旅游已经走入寻常百姓家。尤其是在寒假、暑假、小长假，国内游、国外游都很火热。旅游基本是以一家人为单位的，孩子在旅途中常常是最快乐、最活跃的。

旅途中，有美景，有美食，有奇遇，当然，不可以或缺和遗忘的，与之最相配的，是美丽的文字。有文字的旅游，可以让孩子更沉浸；有文字的旅游，可以让孩子记忆更深刻；有文字的旅游，可以让孩子与亲人的关系更融洽。

一、文字与旅程"交汇"

那么，怎样让文字走进孩子的旅游生活？人原本就生活在一幅幅图画中，画的背景是家庭，是学校，是图书馆，是大街小巷，是商场码头。那么，人为什么要去旅游？就是因为"熟悉的地方没有风景"。为了猎奇，为了看到更加奇异动人的世界，于是一家人就踏上了旅途。

出发的是一家人，但关注这次旅游的人却有很多，有家族长辈，有亲朋好友，有同事伙伴，怎样让他们也参与进来，跟着自己的脚步一起跋涉，一道欣赏，一路经历？这时，现代信息工具——微信、微博、博客、QQ空间等就可以粉墨登场啦！所见之景，所尝之味，所见之人，所遇之事，可以借此实况转播，实现旅游效应最大化。旅途中，最好奇的一定是孩子——奇景、奇人、奇物、奇味、奇遇，扑面而来，让孩子应接不暇，乐此不疲。这时，家长就可以引导他们——

孩子，你想不想将这么奇丽的风景带回家？

孩子，你想不想将自己离奇的遭遇在开学后讲给同学听？

孩子，你想不想将这些味道奇特的小吃做给爷爷奶奶品尝？

孩子，你想不想为这段风光视频当当解说者？

孩子，你想不想下次再来时，让这个景区变得更美好？

每个问题，都紧贴着孩子的旅游经历；每个问题，都符合孩子喜欢表现、乐于分享的年龄特征；每个问题，都能将孩子的言语交往欲望激发出来。于是，旅游的闲暇时光，孩子就不会专注于智能手机里的游戏，欣赏平板电脑里的影视剧了！

从相机里找出一张美丽的风景照，一起回顾当时的情景，让孩子动笔为照片写一段解说词，发在专门开设的网络空间里；从包里摸出一包地方小吃，介绍它的制作过程，细细品尝它的滋味，图文并茂地推荐给"群里""圈里""空间里"的好友；从手机里翻出当日拍下的新奇场面，让孩子为视频现场配上"画外音"，可以先写文字，然后朗诵录音，最后与视频合成在一起，及时推送到网络空间里，让更多的人体会到自己的快乐；在旅行途中，发现不文明的现象，遭到不公正的待遇时，用相机留下照片，让孩子当场写下自己的感受、呼吁、倡议、建议、申诉，及时发布到网络上，希望引起更多人的同情、关注以及引以为戒。

如此种种，让孩子除了感受旅游带来的一份愉悦外，还体验到一份源自写作的乐趣。此时，旅游不仅让孩子开阔了眼界，还让孩子锻炼了写作，丰富了交往，弘扬了爱心与正义。

二、让孩子"深入"旅程之中

孩子在旅游中有写作动力了，也有写作空间了，怎样让他写得丰富，写得精彩？这关键在于父母要当好孩子旅途中的引路人，千方百计地吸引和调动孩子的感官、肢体以及曾经的阅读积累。

一是让孩子的感官安静。旅途中热闹无比。车水马龙，人声鼎沸，眼前的景物令人眼花缭乱，各种味道交织在一起。如果不让孩子安静下来，再美的风景都难以映入孩子的眼帘，再香的滋味都难以让孩子驻足，再悦耳的声音都难以拨动孩子的心弦。因此，遇到美丽的风景，家长一定要拽住孩子的小手，通过聆听导游的讲解，引导他们发现风景中的独特，发现风景里的奇异，发现风景外的故事；嗅到独特的滋味，一定要闻香而去，找到香味的源头，细细品咂；听到特别的声响，引导孩子细细聆听，并能循声而去，发现声音背后的画面和场景。感官安静了，才能紧扣一个具体而鲜明的场景，有条不紊地调动感官，进行充分而集中的观察，才能将一个真实、鲜活、立体的世界捕捉到言语之中。

二是让孩子的脚步留驻。对于难得的场景，一定要让孩子停下脚步，细细观赏。譬如，风味小吃的制作，精美的工艺品展览，传统技艺的传承，精彩的曲艺表演……让孩子凝神静气地观察，帮助孩子记录下难得一见的画面。遇到可以体验的项目，鼓励孩子大胆地用手去触摸，跟着讲解员去演练，甚至与自己亲手制作的作品合影留念。旅游不是走马观花，而是深入沉浸到风景之中、文化之中、陌生新奇之中；写作不是浮光掠影，而是深刻的记忆回响、惊奇的情感流露、独特的经历呈现。

三是让孩子的阅读反刍。当孩子融入到场景之中，还要想着用什么词语来描述眼中之境、耳中之音、鼻中之味。作为家长，要充分激活孩子的阅读积累。看到湖，引导孩子联想"水平如镜""硕大的银镜"，将"水光潋滟晴方好，山色空蒙雨亦奇"召唤出来；看到山，要想到"山清水秀""重峦叠嶂"，吟诵起"会当凌绝顶，一览众山小"；看到杨柳，要想到"郁郁葱葱""婀娜多姿"，脱口而出"碧玉妆成一树高，万条垂下绿丝绦"……旅途中，要让课内"学得"和课外"习得"的好词佳句"反刍"出来，"复活"起来，真正迁移到自己的表达中来。

孩子观察到位了，体验丰富了，积累被调动起来，文字表达自然水到渠成。这样，人在旅途中，旅途在文字中，文字在分享中。

三、孩子的旅程"担当"

旅途中的写作，切不可强行入轨，否则就会大煞风景。应当引导孩子将写作当成旅途中的一项娱乐项目去参与。

出发前，家长应当与孩子分工明确。爸爸负责拍照，背行李；妈妈负责购票、餐饮、住宿，孩子负责旅游信息的发布与共享。并且强调这项工作不仅为了展示团队，更重要的是回馈关注和支持本次旅行活动的亲朋好友，同时还是对孩子这几年语文学习的一次检阅。这让旅途中的孩子自觉担当起写作的责任。

孩子的写作，应当全家参与。选定发布的素材，大家共同商量；活动中的体验，大家相互分享；发布的形式，大家出谋划策；孩子的文稿，大家共同推敲。让旅途中的孩子觉得，文字写作不是负担，而是一种亲情分享。

对网络空间里的留言，要及时向孩子转达，让他们享受到写作带来的成就，从而获得写作带来的荣耀和尊严。每一次赞扬和激励，都为孩子下面行程的写作蓄积了动力，最后，写作就会成为孩子旅途中欲罢不能的行为习惯。

童年的幻想应当明媚敞亮

曾经被一家省级教研部门邀请去讲学，其间，一位语文教研员拿着她孩子写的日记给我看，并且告诉我，这是孩子偷偷在写的"小说"。当然这次阅读，是未经孩子同意的悄然之举。我翻看厚厚的日记，上面满是孩子密密麻麻的字迹。细细读过去，内容全部是魔幻的，主人公就是小作者自己，在文中他成了一位所向披靡、无所不能的超级斗士。这位家长尽管自身就是一位语文教学专家，但她"偷"出孩子的日记给我看，绝对不是为了"炫耀"孩子写作素养高，其神色之中透出的是对孩子"幻想"的担忧。

作为家长，您是否发现，您的孩子常常在写实的习作面前抓耳挠腮，不知所措，而一遇到幻想类习作，便眉开眼笑，甚至欲罢不能？有专家认为，孩子喜欢写作幻想文，是因为幻想是儿童的自然天性，而我却更喜欢蒙台梭利在《童年的秘密》中的解释："神游是一种逃避，逃避游戏或逃入幻想世界常常会掩盖已经分裂的心力。神游代表一种无意识的防御，这种自我逃避苦难或危险，把自己隐藏在一个面具之后。"这样的解释印证了不少孩子写幻想文时竭力"遮隐"的行为，也体现了当下儿童课业负担繁重，极力想通过幻想"逃避"现实的心境。如果幻想文在这样的童年生态下诞生，我想幻想言语之花一定不会绚丽，必定充斥着灰色和暴力。

作为家长，更希望孩子将写作的视角转向现实；作为孩子，则拼命将文字滑向幻想的天空。如何处理好现实写作和幻想表达之间的关系，这需要我们智慧地应对，理智地引导。

一、想孩子之所"急"

孩子生活在一个现实的世界中，他们也有很多急迫的需求：需要有几个能帮助自己的好朋友，需要拥有一批自己真正喜欢阅读的书籍，需要到某个游乐中心去放松一下紧张的神经，需要一部能轻松上网浏览、能打游戏的智能手机……孩子的要求，对于家长来说，有的是合理的需求，有的则是超越可能的奢望。这时候，不妨引导孩子展开幻想：如果你的需求得到满足，你会怎样利用好资源，改善自身的学习和服务？将这些幻想转变成文字，就是一篇翔实具体的未来规划，也是一篇情真意切的劝告家长书。家长在分享孩子幻想的文字之后，理智地作出自己的判断，适当地满足孩子的需求，让孩子的幻想永远行走在现实的边沿。这不失为一条亲子沟通的捷径。

二、想孩子之所"思"

儿童刚刚跨入这个神奇而复杂的自然界中，他们有着成人无法企及的好奇心，一花一草，一景一物，在成人眼中早已熟视无睹，在孩子的思想中却迷雾重重。于是乎，"探根究底"成了他们生活中必不可少的追求：为什么男生长胡子而女生不长胡子？我是从哪里来的？天上有神仙，为什么我坐飞机时却看不到？为什么只有到了晚上，各种妖魔鬼怪才敢出来？月亮为什么总喜欢跟着我走？……我觉得这种时候，家长的任何科学而理性的解释，对儿童来说都是不可思议和枯燥无味的，都是在对儿童神奇的幻想力进行无情的扼杀。这时，不妨鼓励儿童用自己独特的"童话思维"去幻想和推测，并引导他们将所思所感用文字表达出来，一篇篇童趣盎然的文字就诞生了——"因为女生在家庭中，要买菜，要做饭，要洗衣服，要打扫房间，要生育孩子，要喂养孩子，还要给孩子讲故事，带他们做各种有趣的游戏。女生太忙了，她们每天实在抽不出一点儿时间来刮胡子。所以上天觉得女生太辛苦了，就不让她们长胡子了"……这样幻想是不是特别好玩？让孩子将这些奇思妙想诉诸文字，也许，他们身上创造的禀赋便从这里悄然苏醒，并生根发芽。

三、想孩子之所"盼"

在这个社会上，孩子由成人主宰着，其实他们是不自由的。在学校里，由各种各样的课程和教学以"发展的目标"牵引着；在家里，有父母和亲人以林林总总的"爱的名义"圈禁着。在这个成人法则横行的社会里，儿童内心充满着"我的事情我做主"的强烈期盼。如果一味压制，一味忽视，或许儿童内心就会扭曲，从而爆发出更加巨大的逆反和对抗，从而使家庭教育陷入瘫痪状态，最终名存实亡。聪明的家长，总是会善待孩子的期盼，总是为孩子的期盼设计出一条舒缓而优美的出路，让他们的期盼变成一种言语成长的契机和资源：一是换位幻想——如果我来当家长，我会怎样？如果我来当老师，我会怎样？站在对立面，变换自己的角色，这样的幻想让孩子充满着好奇，内心充满改革未来世界的激情。二是颠覆习惯——"今天的作业我布置"，做自己想做的精彩；"我的生日我做主"，过自己想要的生活；"我的衣服我设计"，穿自己想穿的独特。每一次打破习惯，都会焕发出新的创造。让每一次创造伴随着文字发生，孩子的童年就会连缀一段创造的历史。

四、想孩子之所"幻"

每一个孩子都是插上翅膀的天使，尽管他们的身体在现实的世界里不自由，但是他们的思想"可上九天揽月，可下五洋捉鳖"。每个家长不要因为孩子的"想入非非"而心事重重，而要及时了解孩子每一次幻想背后的缘由，不断地去疏解孩子内心的焦虑和惶恐，将他们内心的短暂的黑暗引向"灯火阑珊"处，这样的幻想不失为一次美丽之旅。如果孩子因内心受到委屈而幻想，家长一定要让他们的幻想走向理解和尊重；如果孩子因身体受到暴力打击而幻想，家长一定要让他们的幻想饱含正义和宽容；如果孩子因心灵受到侮辱和责骂而幻想，家长一定要将他们的幻想引向美丽和宽广。孩子在幻想中，或许可使受伤的心灵得以疗养，恶劣的情绪得以宣泄，阴霾驱散，明月高悬。

幻想，这是一个孩子美丽的童年天性；写作幻想，这是一个儿童表达个性自我的权利。作为家长，我们要珍视孩子幻想的天赋，要给孩子营造丰盈的幻想空间，要给孩子提供更多的用言语表达幻想的时机，不断引领孩子幻想"走向明亮那方"。

为"读者"而写作

随着信息技术的进步，我们的交际工具也在不断变换：书信、电子邮件、QQ、博客、微博、微信，越变越快捷，越变越方便。时下的人，十有八九都有微信；只要一有空，都在刷微信。初次见面的双方，不仅要交换手机号码，更要相互扫描彼此的微信二维码。在微信世界里，每个人都有自己的"朋友圈"，建立朋友圈不仅仅是为了相互联系，更重要的是为自己寻找和培养忠实的"读者"。

一、你孩子的习作需要"读者"

无论是谁，发一条微信，微信内容可能是生活常识，可能是商品推介，可能是学术思想，可能是政治短评，可能是文化娱乐，这条微信可能是原创的，也可能是转载的，一经发出，就会不停地翻看和刷新手机，因为此时人们最关注的是在"朋友圈"里，有多少好友阅读了这条微信，有多少好友"点赞"了，有多少好友"评论"了。读者越多，发送者就越有成就感，就会增加更新微信的频度。当然，要想读者多，就必须积极主动地去做他人的读者。这样，才能获得更多的读者！

读者不仅对于成人写作很重要，对于刚刚开始写作的儿童来说，同样不可或缺。当孩子写好一篇稚嫩的习作时，家长首先要做孩子的第一读者。不论孩子写的是什么，不论孩子写得好不好，家长都要认真倾听，真诚赞赏。要知道，你的一个细微的表情，可能影响到孩子是否继续让你做读者的决定；你一个不由自主的"不"字，就会让孩子从此对写作丧失信心。你倾听的姿态越真诚，孩子受到的鼓励就会越大；你的赞赏越真切，孩子就会对自己的下一次写作越期待。文字是孩子的思想在书面上的萌芽和诞生，作为家长，如果你都不愿意倾听，你都不愿意阅读，你都不愿意呵护，那么你还指望谁来做你孩子的"读者"？

二、为孩子的习作集聚"读者"

接受美学认为，一个文本只有经过读者的反复阅读，才能成为"作品"。因此，儿童习作的"阅读圈"不能仅仅局限在家里，还要不断向外拓展。如何来做呢？可以给自己的孩子建立一个基于网络的"阅读群"。可以申请一个微信公众号，可以建立一个博客，可以在一些网站的论坛上开设主题帖。比较而言，最简单可行的，还是让孩子在博客上写作。

首先给这个博客起一个漂亮的名字，譬如以他的名字命名——"王晓天习作吧""李翔文字创造室"，诸如此类，显得高大上一点；也可以用孩子的乳名或笔名命名——"点点习作屋""毛毛读写庄园"，凡此种种，让人感觉很温馨；还可以是象征意味的命名——"雏鹰展翅""春雨小草"，如上所述，让人觉得朝气蓬勃。"名正"方能"言顺"，给孩子建立这样一个习作家园，让他们的文字从此在这里"安家落户"。

习作博客不仅仅是为了自我欣赏，关键是让更多的"读者"看见，并且参与评点。首先，让自己家庭中的亲朋好友加入"好友圈"，在孩子博客更新的第一时间里，所有的亲戚朋友首先马上读起来，让孩子觉得自己的习作对于别人很重要，从而体验到作为写作者的自豪；在博客点评栏里，一定要站在孩子的角度读习作，尽量发现习作中的亮点，给予充分的鼓励和赞扬。将习作发在博客上，最大的好处在于亲朋好友不管置身何处，只要身边有网络，就可以实时当好"读者"。

当然，"读者群"里光有亲朋好友还是不够的，还要聚集更多的"伙伴读者"——自己的同学、好友、网友等。要他们主动读孩子的博客，当博客的读者，你就得鼓励孩子主动去读对方的习作，先做别人的"读者"。一方面学习别人习作里的长处，另一方面召唤伙伴来到自己的博客。当别人博客的读者，不仅要读，而且还要会评，一开始，可以是字词句方面的评价，逐步扩展到选材、构思、谋篇布局方面，评论越到位，就越会赢得作者的尊重，他们就会时常光顾你的博客，不断驻足，博客就会人气剧增。

三、帮孩子的习作留住"读者"

读者汇聚得越多，博客的点击量就越大，收获的评论内容就会越丰富，孩子的写作自信心就会与日俱增，写作热情就会日益高涨。因为他们觉得有很多读者等着阅读自己的文字，一天不更新博文就对不起他们；如果写得不精彩，就会留不住这些读者，他们会渐渐跑光。

但是孩子毕竟是孩子，再新奇的事情持续一段时间后，原初的激情就会归于平淡。这时候，就需要我们家长来鼓劲打气，甚至是推波助澜。

一是引导"投稿"。将孩子博客中选材新、有童趣的习作向当地晚报以及教辅读物投稿。告诉他们，一旦发表，就可以赢得更多的读者，全市、全省甚至全国的读者都可以读到这篇习作。一次投稿不中再投第二次，第二次不成功再投第三次，总有一次会成功。孩子的习作一旦发表，一定要拍成照片"晒"在孩子博客的首页，并且长时间"置顶"，让孩子带着荣誉感和成就感去写作，写博的热情就能持续高涨。

二是参加"征文"比赛。面向小学生的媒体和各级行政事业单位组织的征文活动很多，家长要捕捉各种时机，鼓励孩子参加征文。征文写好后，先将初稿放在博客里，让读者们反复提出修改意见，然后再去参赛。征文获奖后，不管奖次大小，都要将孩子的获奖证书拍成照片放在博客里，让孩子每次进入博客，首先映入眼帘的就是一张张光彩夺目的获奖证书。带着荣誉写作，笔下的文字就会多一份责任和神圣。

　　三是鼓励"连载"。博客写作持续一段时间后，鼓励有写作特长或者写作兴趣特别浓郁的孩子写"连载"。题材不限，可以班级生活为内容，也可以家庭生活为内容，还可以伙伴友情为内容；既可以写实，也鼓励想象。孩子一旦踏上写"连载"之路，他们的写作兴趣就会呈几何级数地增长，甚至有一点"痴狂"和"着魔"。因为"连载"会造成读者的"期待"感，让原本若即若离的"读者"成为忠实的"粉丝"。在"连载"开始时，家长一定要和孩子讨论故事提纲，不断拓展故事的"容量"；当连载"短路"时，家长要和孩子一起构思，不断生发出新的故事增长点；当连载"偏误"时，家长要与孩子及时沟通，让故事尽早回到原本的大纲中来。连载完成以后，家长要将孩子的整篇故事打印出来，经过再次修改，邀请班级语文老师或者当地作家为故事写序言。如果家庭有条件的，博客"连载"获得点击率很高的，可以交给出版社正式出版；即便达不到出版条件，也可以全家总动员，将整个故事装订成册，设计封面，绘制插图，作为孩子成长中一份重要的见证。不要低估当下孩子的创造力，文学少年就是这样培养出来的，未来作家就是这样成长起来的。

　　给孩子的习作找到"读者"，这是让写作回归到言语交际的本义中来；给孩子的习作找到一群"读者"，可以激发他们写作的兴趣，最大限度地促进孩子言语智慧的生成；给孩子的习作找到忠实的"读者"，可以培养他们自觉运用文字进行表达的意识，使他们逐渐拥有一颗饱满的"文心"。

各美其美写真意

同样的事情，同样的景物，在不同的儿童眼里关注的视角不一样，所产生的感受也不一样。指导孩子写作，其实就是捕捉各自眼中、耳中、心中那个"不一样"。有一句经典名言说得好："一千个读者就有一千个哈姆莱特"。每个儿童的兴趣、爱好不一样，每个儿童的生活、学习环境不一样，因此，审美取向也千差万别。当下的习作指导最大的问题在于，教师和家长喜欢用自己的视角"绑架"和"控制"儿童的视角，将五彩斑斓的儿童世界聚集在一个"点"上：一起"走"，一起"看"，一起"听"，最终一致"写"，儿童原初所有的观察兴趣和表达欲望在此过程中丧失殆尽。

一、引导主观的"深刻"

正确的写作指导不是硬性的限制，而是柔软的呵护，让每个儿童都能用自己的眼睛发现世界，用自己的耳朵倾听世界，用自己的心灵感受世界。作为写作者，我们所需要的那个世界不是客观的完整，而是每个儿童主观的深刻，虽然零碎，虽然个性，但是彰显的却是一个儿童心灵世界的灿烂。当每一颗童心都能自由绽放，那么每一篇习作都会充满生机和情趣。

在"游无锡灵山大佛"的游记写作中，以下两个孩子的游览视角以及所选择的写作内容就大相径庭。

音乐广场中央是一个圆形的音乐喷泉，九条龙分布在周围，形成一个圆。银制的莲花含苞欲放，它矗立在一根大约长八米、宽三米的圆柱上。在圆柱上有许多惟妙惟肖的飞天，有的臂挎花篮，采摘鲜花；有的怀抱琵琶，轻拨银弦；有的彩带飘，漫天遨游；有的舒展双臂，翩翩起舞……音乐响起来了！随着音乐的高低起伏，不断变化，那一股股泉水忽扬忽抑，忽高忽低，忽起忽落。最中间的喷泉喷得最高，一阵风吹过，水柱似乎飘了起来，萦绕在荷花周围。突然含苞待放的莲花慢慢舒展开来，露出的一个小小的释迦牟尼佛像也在慢慢升起来。刹那间，九条龙的嘴中喷出了一股强而有力的水柱，直冲向小小的释迦牟尼佛像，好似给它洗了一个酣畅淋漓的澡。（金宸《九龙灌浴》）

我们站在人群里，以每分钟0.1毫米的速度挪动着，头上还顶着一个毒辣辣的太阳，不一会儿，汗就把衣服弄湿了一大片。好不容易到了我们刷身份证了，却发现奶奶和妈妈不见了。打电话一问啊，原来爷爷一直跟着我，而我又一直跟着爸爸，我俩在前面走得快，把奶奶和妈妈给甩了。又站在那等了5分钟，才看见2位小短腿出现在人群里。看完佛手，我们准备去抱一抱佛脚。可要抱佛脚，还得排队。虽说只有3米长、2米宽的队，我们却排了15分钟，只听爷爷用标准的宜兴话说："这种地方，玩都要排队，还不如让我回家种田呢！"我们一下子都笑开了。又排了10分钟，终于进去了，可在电梯口，又排起了长队。好不容易到了佛足前，可我却早已没了抱佛足的兴趣。（顾明月《出行排队记》）

两篇习作叙写的内容都在"灵山大佛"景区内，可是两个孩子选择的"点"却不一样，前者喜欢的是"景"——九龙灌浴，后者关注的是"事"——出行排队。可是，这两篇习作有着共同点——写的都是孩子印象深刻的记忆，都是孩子内心的真实感受。记得前几年，班上有一个孩子去上海野生动物园玩，他没有写园内的珍禽异兽，也没有写自己的所见所闻，而是将所有的笔墨都放在野生动物园门外的"风味小吃"上，这就是所谓的"萝卜青菜各有所爱"。作为教师，作为家长，我们不能因为儿童的"审美错位"而横加干涉，更不能因为儿童的"各有所爱"而大加指责，要谨记：适合的才是最好的！

二、发掘"局部"的具体

一个景点可以选择不同的景观和游历来写，就是同一件事情，也可以选择不同的侧重点进行表达。譬如下面的三个孩子都在写"牛排"，可是他们所选择的视角却各具特色。

"煎牛排"——随着"滋——"的一声响，牛肉开始了"大变身"。锅中的油欢快地跳跃着，并伴着"滋滋"的欢呼声，积极地为牛肉换上金黄的新装。我用锅铲积极地翻动着逐渐金黄的牛肉，一股浓香飘来，令人垂涎欲滴。终于牛肉完成了"变身"，现在光荣地成为了"黄金牛排"，关掉火，牛排仍发出"滋滋"声，好像在召唤我："吃我吧！趁热好吃！"（朱子奕《煎牛排》）

"切牛排"——我认准一块嫩嫩的肉，用力拿叉子一戳，原本完美的肉被我戳出了缺陷。拿着刀的右手放在牛排上一划，牛排被我砍下来一半，我握着刀，再往下一划，谁知下面是块牛筋，怎么也切不断。我心想：你一块小小的牛排，怎能奈何得了我？使出九牛二虎之力，竟也没切断。手心里都出了汗，额头上也冒了汗珠。我发了怒，吃奶的力气都用上了，"刺啦刺啦"的声音不绝于耳。可恶的牛排似乎就是要跟我较劲，千方百计地阻止我吃它。（邵雨萌《牛排大战》）

"吃牛排"——服务生将牛排上的盖子掀开，顿时，牛排上的油"滋滋"响着，像一个调皮的孩子，不愿被关在家里，偏要溜出来。开始吃牛排了，右手拿刀，左手拿叉。先用叉插住牛排的一个角落，再把刀斜一点，轻轻地左右拉动手柄。终于切下一小块，用叉送进嘴中，哇，太棒了，软软的，香香的，没有想到黑椒竟然比番茄酱更有滋味，我立即给出了"赞"！（潘姿含《牛排大餐》）

尽管都是"牛排"，但是三位小作者沉浸其中的"点"却不一样，各有其味，各得其乐：煎牛排，声色俱佳的体验；切牛排，声嘶力竭的搏杀；吃牛排，口舌生香的享受。"品味牛排"是一个繁杂的生活历程，在这个历程中，很少有孩子能够经历全程，大多孩子只能关注其中的一鳞半爪，他们只要将自己印象深刻的那个环节有声有色地写出来，就足以称之为优秀之作了。

对一个刚刚学习写作的儿童而言，习作写什么？就是鼓励儿童"各美其美"——每个孩子将自己最感兴趣、印象最深、最值得回味的内容写下来；因为兴趣盎然，所以情真意切；因为印象深刻，所以重点突出；因为细节饱满，所以回味无穷。尊敬的家长和老师们，对孩子的习作内容不能干预太多太细，应当考虑到每个儿童的兴趣点、兴奋点，扬长避短，让每个儿童都能享受到自由表达的快乐！

第四章

渐行渐近的课程实践

"班本写作课程"，是"写作教室"里最亮丽的风景；"班本写作课程"建构，是发生在"写作教室"里的最激动人心的场景。"班本写作课程"让"写作教室"名副其实，让发生在"写作教室"里的写作学习走向优质与高效。

"小世界"里编织"大故事"

——儿童"整本书"系列习作课程开发实践

我所倡导的"整本书写作"，是宽泛意义上的儿童写作指向，是一个完整习作主题统领下的文本言语汇集。它的形式可以是以一组故事叙述为载体的连环图画，可以是一篇篇内容相关或情节连贯的叙述、说明、描写性文字，可以是一组意义完整的、图文交替的小说、童话体文本。它不一味追求文学取向，不一味关注文学少年的培养，而是旨在给每一个儿童一个明晰的写作目标，希冀达成一个明确的写作成果，使其真正体验到写作所带来的成就感；旨在让每一个儿童心怀伟大的写作梦想，孕育一颗饱满的"文心"，用心灵和言语搭建一个理想的童年生活世界。

一、"整本书写作"的实施意义

作为习作训练的"整本书写作"，是为了追寻一种更有意义、更有趣味、更合乎童性的儿童写作指导方式。它可以让儿童在言语表达中体验到，写作就是一个美丽的童年梦想，写作就是一份独特的童年创造，写作就是一种有趣的童年生活。作为"整本书"的写作，已经超越了传统的单篇习作指导，它赋予写作更加深刻的童年意味，它引领儿童走向更丰富、更开阔的言语和精神世界。

给儿童一个梦想。在小学高年级进行"整本书写作"教学，就是让每个儿童怀揣着写作者的自豪感，用文字创造属于自己的独特童年历程。

在此之前，每个儿童都读过无数本书，对"书"的内容和话语方式有了一定的了解。因此，"书"在他们心中，一直是一个高山仰止的潜在梦想，让他们从单纯的读"书"走向富有挑战的写"书"，不仅是一种言语的表达训练，更是一种梦想达成的行动，还是一项充满奇幻的游戏历程。

给儿童一种角色。儿童写单篇的习作和写整本书最根本的区别不在于文字的多与寡，而在于一种特殊角色——"作者"的赋予。写单篇习作，对儿童而言，是完成一项教师要求的写作任务，所受到的限制很多，写什么，怎么写，都有诸多要求。而写整本书，儿童获得了更大的自主权利：首先是选材权，每个儿童必须从自身出发，寻找适合自己的写作内容；其次是自构权，故事怎么发展，人物关系如何理顺，细节怎样去设计，都需要儿童独自面对，自由处理。这时的儿童置身于写作中，是一个真正的"作者"，他们对一部作品负责，这种明确感、担当感是前所未有的。

给儿童一种思维。言语是思维的工具，更是思维的直观呈现。在"整本书写作"中，需要一种"写书"的思维。作为小学高年级的孩子，随着认知的提升，梦想之花越发绚丽，可是一旦涉及言语，梦想的翅膀常常在此折翼。因此，在整本书写作过程中，需要一种"冷思维"——勾画与众不同的故事地图；需要一种"长思维"——细细谋划，从长计议，不拘一篇一得，要使故事情节前后贯通，要将上下人物关系铺垫清楚；需要一种"慢思维"——拉长写作周期，将"整本书写作"的历程搁置于一个学期的时间段里，边写边想，边写边评，边写边改，不断调整和完善故事的流向，不断引领儿童将始发的写作冲动转化为过程中安静的写作享受。

给儿童一种攀登。在小学阶段实施整本书写作，客观上讲是有较大难度的：一方面，是引领儿童构建一个宏大而华美的上位目标，而实现目标的阶梯并非拾级而上，循序渐进；另一方面，儿童完成"整本书写作"的能力并非已经拥有，而是需要在写作过程中不断学习、不断感悟、不断积淀、不断突破。因此，在推行"整本书写作"的过程中，教师和家长要适时给予孩子帮助，引领他们向着"青草更青处漫溯"，不断创造属于自己的新的言语最近发展区。在教学中，没有统一的步调，因为每一个儿童都有自己的最大可能性，因为每一个孩子都有自己的出发原点，因此一个孩子的成功和另一个孩子的成功不能等量齐观。在教学中，没有优劣之说，因为这不是一种写作评比，而是一种教学实践，追求的是每一个儿童在自我言语和精神基础上的生长，这里没有整体意义上的最好，只有个体意义上的更好。

二、"整本书写作"的实施前提

在小学高年级尝试"整本书写作"教学，除了有"仰望星空"的勇气，更要有"脚踩大地"的平实。因此，所有的教学谋划必先从儿童现有的写作认知水平出发，去预设可能抵达理想目标的教学路径。在我班正式启动"儿童整本书写作"项目，无论是外在的硬件层面，还是内在的软件层面，都具备这样的条件。

丰富的儿童文学阅读储备。从 2009 年 9 月起，我所任教的班级，已经开始大力度地推进儿童文学阅读。除了学校规定的阅读篇目外，我班通过"班级流动图书馆"的机制，让班级正常流通着 40 本左右题材丰富的优秀儿童文学作品。通过每月"阳光阅读少年""好书阅读排行榜"等方面的评比，营造了一个良性的阅读氛围。一年多的累积，班级孩子阅读的整本书每人达 53.6 本。基本上每一个孩子都具备了稳定的阅读兴趣和阅读倾向。这为"整本书写作"的开展营造了一个文学场域，积淀了一个感性写作架构。

常态的儿童博客写作平台。实施儿童博客写作，已经历时一年半，借助博客这个动感的写作平台，已经使大多儿童形成基本的写作意识、强烈的发表意识和评点意识。这为未来的"整本书写作"提供了一个开放而互动的言语平台：借助博客写作，可以及时地将每个孩子阶段性的写作成果接连不断地展现出来，既利于读者进行整体性阅读，产生阅读期待，也可以让作者分享写作带来的快感，蓄积更强烈的写作欲望；通过博客评点，可以让作者们在相互阅读中生成"元写作"意识，即对自身写作内容、写作策略、写作状态的反思，在比较中发现，在发现中反思，在反思中调整，从而获得符合自身言语图式的写作知识和技能，最终形成写作智慧；通过博客修改，让儿童自主调整不适当、不协调的内容波段，不断产生新的言语布局，迅速优化和完善已有的写作成果，这是传统的文本写作难以做到的。

少年写作计划的成功开展。"整本书写作"教学不是从零开始，在上学期，班级已经有了一个"少年写作计划"，这是主要针对有文学潜力的少数孩子而采取的一项积极措施。"点"上的尝试，产生较好的效果，参与的孩子基本上都能写出有篇章、有故事情节、有文字篇幅、有封面设计的"整本书"，放在博客上，赢得了较高的点击率，引得其他孩子心向往之。2009 年寒假绝大部分孩子都在"写书"，在没有任何指点的情况下，一本本具有"书"意识和功能的作品粉墨登场，题材丰富，故事奇幻，封面精美。不难看出，"少年写作计划"已经以点带面，在六（3）班形成了火热的"写书潮"。"整本书写作"全面推进已经恰逢其时，如果加之适当的教学引领，肯定会形成理想的效应。

三、"整本书写作"的实践操作

作为一种促进儿童言语和精神发展的教学，"整本书写作"有着应然的教学过程，这是保障教学成效的一个必要的把手。该项目的实施，从课程层面上看，其运行路线主要有这样五步：

第一步："故事规划会"。

应当将"整本书"的写作权利完全交给儿童。给定充足的时间让他们去酝酿写作的主题，并且预设故事的主要内容，规划每个章节的目录。写作主题，由作者自己确定，可以放之小组内进行充分的交流、探讨，大家为"整本书"的故事走向出谋划策。在此基础上，和家长进行交流，及时地将更深入的写作思维、更成熟的写作经验、更丰富的故事情节、更开阔的写作场景融入到即将诞生的习作中，最后将完成的写作提纲提交给教师。

这是陆嘉琦同学《阴雨天》的完整故事规划：

书　名：阴雨天。

故事梗概：在一个县城里，有一个孩子叫步普通。他五岁的时候出了车祸，变成了一个哑巴。狠心的父母无法接受，将他抛弃在一座大山中。后来一个探险家路过这里，将他带了回去。小普通脾气暴躁，在学校总是用仇恨的眼光看待每一个同学，因为成绩差，回到家总是被养父母骂。考初中时，所有学科加起来，他只不过考了52分，他经不住打击，晕倒在地。医生说他变成了植物人，而且再也醒不过来了。就在许多人对他失去希望时，出现了转机……

写作提纲：

第一章：阴影

（1）普普通通　（2）学校　（3）同学　（4）孤独后的哭泣　（5）陷入黑暗

第二章：上学校

（1）作业　（2）不良少年　（3）与众不同　（4）压力　（5）植物人

第三章：转机

（1）地狱归来　（2）真的疯了　（3）挽救你的心　（4）新的开始

第四章：未来

（1）我的家　（2）真正的幸福

让每一个孩子将故事规划发表在自己的博客上，晓之于众。一方面，每个人在关注自己故事的同时，还可以了解伙伴的写作动态，既可以接受大家的写作建议，也可以对他人的故事指点江山；另一方面让教师和伙伴对自己即将诞生的故事形成阅读期待，还可以让大家及时监督自己的写作进程。

第二步："故事诊断会"。

"整本书写作"的起始阶段是教学过程中的一个瓶颈。很多孩子还是站在"篇"的视角进行写作，一开头写得很窄，入得很深，几篇下来，故事便枯萎了；有的孩子过于追求奇幻，迫不及待地往自己不熟悉的生活世界里钻，结果由于生活阅历狭窄，一个宏大的开头却没有延续，草草收场。因此，在起始阶段，教师对话题的判断力非常重要，对于一些内容浅显、开掘面不大的话题，开始就要忍痛割爱，建议作者另起炉灶。当然还应当因人而异，面对不同个性的孩子、不同言语驾驭力的孩子，要有与之相对应的引领方式。

第三步："故事点评会"。

"整本书写作"教学一个至关重要的阶段就是要培养儿童的自我修正能力。我充分利用博客的交流与评论功能，给予每个孩子的写作方向性的引导。"故事欣赏"是一种很好的引领手段，利用一些典型的优秀习作样本，启发大家打开思路、感悟写作智慧、提升言语表达能力。杨亦安的《幸福摩天轮》、朱加安的《稻田的守望者》、施姝彤的《热血江湖》、王晓蓉的《荼蘼》、陈小婷的《永远的"铁三角"》等，有描写现实生活的故事，有展开丰富幻想的故事，有渴望自由的故事，类型不同，却囊括班级所有的故事素材，极具引领价值。"互动点评"也是我班每个儿童的持之以恒的常态动作，我要求每个孩子在写故事的同时，还要学会读同伴故事、评同伴故事，每周辟出专门的时间进行互动评点。将每一个同伴的博文当作一座"富矿"，汲取他人的长处，振奋自己的心智，发现他人的不足，观照自己的问题。实践中，我发现"班级博客群"就是一所极好的写作自我修炼的学校，每一个孩子在阅读和评点同伴的"书"中，都能潜移默化地获得丰富的写作技能，以反哺和回馈自己的写作实践。

第四步："故事研讨会"。

每一个孩子在写"书"的过程中，我都要求召开多次"故事研讨会"。可以以家庭为单位，全家读者参与，献计献策；也可以由我邀请家长、同校的语文教师以及班级所有的孩子参加。召开研讨会要选准时机：一是作者遭遇写作危机，难以为继时，组织大家进行"头脑风暴"，集思广益；二是一本书大功告成，正待收官时，带领大家分享写作成果，感受精彩章节，提出完善措施。譬如陈凯婷2010年暑假在写作《神秘小屋》时，就在家庭饭桌上举行了一次研讨活动：

写着写着，我发现故事中好像缺少点什么？到底是什么呢？对了，故事太直了，没有波折。吴老师曾经告诫我们："文似看山不喜平！"对一篇小说来说，如果没有惊险曲折的故事，似乎还不能称之为小说。再说，《神秘小屋》中的"神秘"二字也没有充分展现出来。

到底从哪里改起呢？我苦思冥想，有时在饭桌上也忍不住念叨出书中人物的名字。细心的爸爸看出了端倪，立即和我交流。我将自己的烦恼全盘托出，一直耐心当读者的爸爸再也沉不住气了，他似乎早有预料，滔滔不绝地说起了自己的想法："你不是写到威顿·奥古病危吗？我们可以接着写，写威顿后来去世了，家里发生了一场财产争夺战，这样，情节不就跌宕起伏了？"我一听，拍案叫绝："对呀，我怎么没有想到呢！"我连忙冲到电脑前准备修改，脑中却冒出了一个问题："爸爸，如果按照您的思路写，海·文森这个人物不就引不出来了吗？当初我好不容易才把海·文森推到读者面前的，现在总不能晾在一旁不管了吧？"妈妈在一旁忍不住了："也是，海·文森在小说中也算是配角里面比较重要的了，我们可以在威顿·奥古病危的时候，写海·文森来照顾他，这样不就顺理成章了？"对呀！爸妈的一唱一和，让我的小说"柳暗花明又一村"。

每一次研讨会的召开，都立足于一本"书"，做到真诚而恰如其分地肯定；又要围绕具体问题，中肯而有针对性地建议。研讨的氛围尽量郑重其事，参与的对象力求群策群力，以达到丰厚这本"书"、完善这本"书"、启发同类"书"的研讨效果。

第五步："故事推介会"。

在一本书写作、研讨、修改之后，我要求作者为自己的"书"设计封面，可以用电脑制作，也可以手工绘制；将整个文本打印后，邀请家长或校长、老师以及亲人，甚至是阅读这本书的伙伴为之写序言，并且编制目录；接着装订成册，自己动手或者家长参与，还可以邀请有美术特长的同学绘制插图。一切准备就绪，在班级举行"故事推介会"。让每个孩子用自己的方式推介自己的"书"：

陈小婷（自我推荐）：善良聪慧的韩颖彤、大大咧咧的穆悦霄、新生关慧儿，成了"铁三角"。友情就像一个五味瓶，充满着酸甜苦辣。这三个"死党"的经历也正好验证了这句话。她们三个人不管何时，总是在一起欢笑，一起悲伤，不管有什么困难都一起去面对。就算相互之间偶尔会有一些小小的矛盾，也丝毫不会破坏到她们之间珍贵的友谊。尽管三个人可能会分开，可她们坚固的友情是不变的，就像她们共同踩下的一个个脚印，都深深地刻在每个人的心中。

葛禾敏（母亲俞晓莉推荐）：当全部读完女儿的小说《森灵》时，脑海里忽然出现了一片森林。父亲、母亲，不就是那广阔无边的森林吗？他们默默地给万物和生灵提供了一个广阔的生存空间，带来了春天的鸟语花香、夏天的无限凉爽、秋天的硕果累累、冬天的皑皑白雪。他们，付出了自己，延续了生命，耕耘了一生，收获了希望。他们所希望得到的回报，也许只是儿女的一句话：爸爸妈妈，我爱你们！即使还没有说出口，但也只要永远深藏在心底，这样就足够了。《森灵》，也许不是一本思想深刻、语言精辟的著作，但一定是一次亲情的交融。

陈凯婷（网友刘飞推荐）：《异能行者》书稿发来了，105页，55000余字。我不禁奇怪，问她是什么时候写的。她答，这学期。一个六年级的孩子，功课很重，却仍然做了这样的一项大工程，不禁有些叹服。假定分类的话，这应该是一部科幻小说吧：对讲机、GPS、预知力、吸血鬼、白色鲜花、心灵感应、秘密基地、神秘组织……主人公泽怡雪在现实和幻想空间穿梭跳跃，用自己的智慧和执着，保卫了身边的人。二十多年来，我曾经数次想写一部小说或者开始写小说，最后都夭折了，而这个12岁的孩子却做到了！

丁雨晨（同学杨亦安推荐）：我不敢说，小丁的《六（3）班明星录》写得精彩；但是我可以说，他写得很认真，写得很真诚。每一个人在他的笔下，都是活的；每一个故事在他的文字里，都是非常耐看的、风趣幽默的。因为小丁记录的是我们的回忆、我们的历史、我们的歌。六月，我们即将告别那漫长的六年时光，步入令人充满遐想的初中。在这美丽的初夏时节，让我们逆光奔跑，追随阳光的脚印，对着太阳宣誓："不管身在何时，身在何地，我们，六（3）班，永远永远，都是一个大家庭，永远永远，都不会分开！"

每一本"书"中，都闪动着一个鲜活的脸庞，每一本"书"中都跳动着一个真挚火热的灵魂。"整本书写作"实践中，我没有明确的、统一的步调，因为每一个儿童都有自己的最大可能性，因为每一个孩子都有各自的出发原点，因此他们的故事是不能放在一个言语天平上相提并论的，他们的成长是不能放在同一起跑线上等量齐观的。一学期以来，我追求的是：让每一个孩子心中的故事梦想都能绽放出美丽的花朵，狗尾巴花也好，玫瑰花也罢，都应该各美其美，因为只有百花齐放，才会有习作教学的春意盎然。

让儿童言语承托起生命之重

——小学"生命"系列习作课程开发实践

一、儿童言语的"生命现状"

无意间，我读到了《我劝爸爸戒烟》这一篇习作，其中的一个片段描写让我惊恐不安。

"爸爸，香烟里有毒，吸烟会危害您的健康！"我耐心地劝说他。"有毒？你不要相信书上的鬼话，让我用事实告诉你，我天天吸它，我的身体照样棒棒的！"爸爸边说还边翘起手臂，做了一个"伟男"的动作！

真是顽固不化！我只好使用撒手锏了，将客厅里的金鱼缸端到爸爸眼前。爸爸有些"丈二的和尚摸不着头脑"，指指手中的一大叠账单不耐烦地说："我正在算账，可没有闲工夫欣赏这些美丽的金鱼！""这金鱼可不是让你欣赏的，请你给我一支香烟，我要为你做一个实验！"

"做实验？"爸爸不知我葫芦里卖的是什么药，很不情愿地从烟盒中拔了一支烟给我。我迅速将香烟外面的纸扯去，将金黄的烟丝倒进鱼缸里。两条小金鱼似乎发现了什么，焦躁得扭动着美丽的身躯，一会儿浮到水面上吐水泡，一会儿又潜到水底用脑袋撞着缸壁。

一分钟后，缸中的清水渐渐发黄，两条小金鱼似乎背上了一个沉重的包袱，越游越慢，显得非常吃力！爸爸早已停下了手中的工作，目不转睛地看着鱼缸里的变化。这时红色的金鱼似乎再也挺不住了，身体渐渐侧了过来，尾巴还在轻微地摆着，显得力不从心！渐渐地，红色的金鱼终于挺着大肚子浮在了水面上，一动也不动了。灰色的金鱼也紧跟其后，漂浮在水面上！

"爸爸，金鱼的死亡告诉我们，香烟有毒！这就是事实，这下你总该相信了吧！"我理直气壮地说道！"哎，想不到香烟的毒性竟然这么大，再抽下去，我也会变成这两条金鱼的！以后我再也不抽烟了！"

用弱势生命的丧失来赢得强势生命的觉醒，这不能不说是残酷的。这样的文字能心安理得地流泻在儿童的笔下，可见"生命"在这个孩子的心中是一座孤岛——除了亲人的生命值得珍视，周围世界中的一切人、一切物（动物、植物、事物）都可以为之服务，被其践踏，甚至杀戮。

遗憾的是，这种言语表现并非个案，而是一种群体现象。我去一所学校参加教研活动，无意间，发现这所学校的橱窗里展示着这样一篇"血淋淋"的暑期习作——

杀甲鱼

人们都说甲鱼鲜美可口，营养丰富。今天上午，奶奶就从菜市场拎回一只一斤重的甲鱼。可是一家四口面对着上面长着椭圆形硬壳、头尾四肢都隐藏在甲壳里的怪物束手无策。特别是它那两只粟粒大的眼睛，搜寻着四周，一有风吹草动立刻将头缩进去，给我们出了两个难题。一是谁操刀杀甲鱼，二是怎么杀。我初生牛犊不怕虎，自告奋勇执刀，可是大家都摇头，生怕我不小心砍到手，妈妈早已吓得退避三舍，奶奶老眼昏花，爸爸当刀手是推辞不掉了。

可是面对这甲鱼如何下手呢？又都感到为难。奶奶灵机一动，立刻打电话向邻居王阿姨请教。原来要用一根筷子引逗甲鱼伸出头来，立即用刀砍它的脖子。我迫不及待地抽出一根筷子，引逗甲鱼，可能是动作太大，它的头怎么也不肯伸出来。爸爸叫我耐住性子，动作轻一点。不一会儿，甲鱼头终于伸出来了，尖嘴咬住了筷子，我猛地一拽，爸爸手起刀落，只听"嘭"的一声，刀砍在砧板上。由于我用力过猛，跌了个四角朝天，甲鱼也摔到我肚子上，大家先是一愣，紧接着哄堂大笑。

经过这一番折腾，甲鱼任凭你百般引逗，它岿然不动。爸爸说："太紧张了，放松一下吧！"大约过了20分钟，我们又各就各位，爸爸摆好架势，经过一番短兵相接，甲鱼又咬住了筷子，我屏住呼吸，悠悠地使着劲，甲鱼的脖子就像个弹簧，越拽越长。说时迟，那时快，爸爸飞也似的一刀，立马将甲鱼头砍落了，可是爸爸却被甲鱼血溅得满头满脸，看到爸爸一脸尴尬相，我泪水都笑出来了。

甲鱼吃起来味道确实不错，不过远没有杀甲鱼有趣。

再看习作后还附有一段教师的点评："小作者的这篇习作有两点值得我们学习：一是注意捕捉生活中的小事作为写作材料；二是观察细致，描写生动、具体，充满了童趣。"这篇习作让我触目惊心，而教师的点评更让我匪夷所思。不是说人不能吃甲鱼，也不是说人不可以杀甲鱼，而是面对着生命杀戮所表现出来的激动和兴奋——"哄堂大笑""我泪水都笑出来了""甲鱼吃起来味道确实不错，不过远没有杀甲鱼有趣"，让人担忧。遗憾的是，有这样生命缺憾的习作，竟然通过教师、校长的审阅，成为所有孩子学习的"优秀范文"，我不禁要问：生命意识仅仅在儿童的言语世界中缺失？

面对着鲜活的生命毁灭，没有一丝悲悯，更多的表现却是感观的刺激和精神的狂欢。这不得不让我们的教育反思：作为人类，我们应该怎样面对"生命"？作为课程，我们应该怎样承载"生命"？作为儿童，我们应当怎样表达"生命"？让生命意识回归儿童心灵，让生命教育复返课程教学，让敬畏生命的情怀融入到每一个写作人的言语之中，这是当下习作教学一个值得践行的话题。

二、儿童言语的"生命救赎"

长期以来，二元对立的价值观一直左右着教育领域，迄今为止，我们的语文教材还将一些宣扬狭隘而坚硬的生命观的文章选入其中；另一方面，我们的教育过于致力于国家与民族等一系列宏大主题的建构，而对一些细微柔软的基本人性立场漠不关心。以至于儿童只有生命情感而没有生命情怀，只有挚爱亲情而缺乏人类博爱，只有现实生命而没有精神生命。英国诗人约翰·多恩的《丧钟为谁而鸣》一诗正是表达这样的担忧——

没有人是一座孤岛 / 可以自全 / 每个人都是大陆的一部分 / 如果海水冲掉一块 / 欧洲就减小 / 如同一个海岬失掉一角 / 如同你的朋友或者你自己的领地失掉一块 / 任何人的死亡都是我的损失 / 因为我是人类的一员 / 因此不要问丧钟为谁而鸣 / 它就为你敲响

让儿童的言语和精神走出狭隘而坚硬的"生命孤岛"，走向一片开阔而润泽的"生命大陆"，习作教学应该有着义不容辞的救赎担当。

观察，让儿童触摸"生命"。观察，是触摸生命的最直观的方式。儿童观察世界的方式有两种：一是"物理性观察"——关注生命的外在形态，按照一定的顺序作客观性描述；二是"化学性观察"——由外在生命状态联系到内在的精神活动，即儿童将自己的思想、情感迁移到外在的事物中，达到物我同一的境界。言语原本就是外在事物和内在情感、客观和主观、物质和意识的"化合物"。因此，对于习作教学来说，应该倡导融入儿童精神的"化学性观察"。生命色彩的绚丽缤纷，生命形态的丰富多姿，生命精神的美丽柔韧，都会在观察中进入儿童的视野，在写作过程中渐渐融进儿童的精神生命。"从细雨下，点碎落花声，从微风里，飘来流水音"——观察让生命直观鲜活起来，观察让生命诗意敞亮起来，观察让心灵细腻柔软起来。我们甚至可以作出这样的论断：一个不喜欢观察的儿童，就会造成生命个体在群体背景中的剥离，这样的生命是干涸的、苍白的，他对他者的生命、对自己的生命一定不会产生起码的热爱；一个不善于观察的儿童，他难以感受到生命的细微变化，难以体验到生命在生长进程中的神奇和美丽，他的心灵自然是粗糙的，可以说缺乏必要的生命触觉！

阅读，让儿童聆听"生命"。在不少儿童的眼中，"生命"仅仅属于人类，更进一步说，或许只局限于身边的亲人，只有亲人的离去，才会引发生命的痛觉。植物、动物的生命及情感可能还是"童话里的事"。梅子涵先生说："有童话的树四季都有颜色，自己总是诗意地摇曳，鸟儿也都飞来唱歌。聆听地成长，阅读地成长，生命就是在稍稍挨近童话。生命挨近童话，世界就挨近童话。"而就当下儿童整体阅读现状来看，离开童话的时间太早了，"卡通＋怪异＋暴力"式的魔幻化读物给儿童的心灵虚构了一个庞大而无坚不摧的自我，活生生地将童话从儿童的视野中剥离，加速消解儿童在幼年时期建立起来的美丽而润泽的童话梦想。让儿童重新回到童话中，回到儿童文学中，这不失为一种柔化儿童心灵，聆听生命"呐喊"的最佳途径。譬如阅读沈石溪的动物小说，就是一种理想的"聆听"方式：《情豹布哈依》《老象恩仇记》《狼王梦》《一对白天鹅》以及《动物神勇故事》《动物智慧故事》，给儿童展示出一幅崭新的生命画卷，让他们看到了"除我们人类以外，地球上还有许多生命是有情感有灵性的，它们有爱的天性，会喜怒哀乐，甚至能分辨善恶是非"。在这样的小说、童话里畅游，或许对生命的认识会更真切——对存在的生命会多一份关照和珍视，对生命的毁灭会多一份同情和怜悯。

想象，让儿童创造"生命"。迪士尼动画以非凡的想象力不仅让童心飞扬，还吸引着许多成人的眼球，使其目光洋溢出童年的光芒。其实想象力就是一种意识创造力，通过想象，儿童可以在已有的生命世界中创造出更加丰盈开阔的生命空间。在儿童眼里，世界和自己是"共生"的，客观和主观是混沌一体的。这正是成人世界应当倍加珍视的教学起点，以此可以引领儿童去发现和感知更加宽广的生命疆域：可以是有生命特征的事物——动物、植物、微生物，只要去倾听，它们也会说话；只要去交流，它们也需要朋友；只要去观察，它们也有故事；也可以是没有生命特征的事物——桌子、椅子、电视机等，只要细细体会，它们身上也存在生老病死，它们的世界里也有喜怒哀乐。只要儿童有一双善于观察的眼睛，有一颗自由想象的心，世界上的万事万物都有"生命"——它们都会说话，它们都有情感，它们都有梦想，它们都有"生"，它们都会"死"；只要儿童有一颗悦纳万物的心灵，周围的世界就会融入到他们的生命之中，生长出和自己一样的情思，拥有同一个话语频道，一起产生精彩的童话。

写作，让儿童敬畏"生命"。在习作教学中，引导儿童以一种怎样的姿态来描摹一切写作对象，这是一个重要的价值取向。首先，要让儿童带着一份人类对生命最美好的情感踏上写作之旅，如公平、关爱、同情、善良、尊重等，以这样的情怀去看待生命，以这样的情怀去理解生命，以这样的情怀发现生命，笔下流淌的文字一定亦真亦善亦美。其次，让儿童从心底涌现一份人性的高贵，众生平等，将一切有生命的东西放到和自己一样的高度，惺惺相惜，相濡以沫，在这样的儿童眼里，即使桌子和板凳也会说话，人与一切有形和无形的物体都可以发生对话。此时童心自然会飞扬，童趣自然会流溢，童话自然会诞生。这不仅是习作教学永恒的追求，更是习作教学当为每一个儿童所孕育的饱满的"文心"。

从本质上看，儿童言语的生命意识、悲悯情怀来自教师的教育自觉，当教师的教育观中有了生命的意识，他的教育便自然有了阳光般的温暖，在这种环境下熏陶润泽的生命个体，他们的情感世界就会活泼而丰盈，他们的语言文字就会生动而有灵性，他们的精神深处自然会贮藏一份悲天悯人的情怀！

三、儿童言语的"生命构建"

实践证明，生命可以言说，儿童的言语就可以承载和实现这样的言说。基于观察、阅读、想象的这三个维度，立足于儿童语言发展的真实状况，生命主题的习作课程可以从以下三个板块来构筑。

第一板块：发现"生命"的奇迹。

1. 我发现了＿＿＿＿＿＿＿＿。

同学们，我们的周围是一个生机勃勃的生命世界，有人类，有动物，有植物，还有一些肉眼看不见的微小生物，譬如细菌等。只要你走进他们的世界，用眼睛细细观察，用耳朵静静聆听，用心慢慢品味，你就会有前所未有甚至是与众不同的发现，你不妨试一试，并将自己的发现写下来！

【写作提示】

（1）从小处着眼，可以是一朵花，可以是一只蚂蚁，可以是身边的一个陌生人，要反复观察，仔细比较，写出你最好奇，觉得最特别的地方。

（2）写清楚发现的经过，要将自己最感兴趣的地方写具体，写生动。

（3）可以将自己的发现写成一首童诗，也可以写成一篇记叙文。

2. 感人的一幕。

生活中的一个场景，电影、电视剧中的一个镜头，网络上的一段视频，文学作品中的一个片段，常常让我们感动得热泪盈眶。让我们捕捉这些感人的画面，记录这些感人的瞬间，留住此时此刻心中涌起的真实感受吧！

【写作提示】

（1）可以记事，将当时的所见所闻完整地写下来；也可以写观（读）后感，将所见所闻后的真实感受写下来。

（2）如果记事，要抓住场面，扣住细节，写出"感人"之处；如果写感受，要善于捕捉场面中的细节，写出自己的真情实感。

第二板块：表达"生命"的情怀。

1.给灾区伙伴的一封信。

2010年玉树地区大地震发生后，全国人民都非常关心灾区儿童的学习和生活。几个月过去了，他们的生活发生了怎样的变化呢？在以后的日子里，你将如何与他们"手牵手，心连心"，共同迎接未来的生活呢？请你从报刊、电视或者网络上寻找灾区的一所小学或者某个学生，给他们写一封信，一方面表达你的关切之情，另一方面谈谈自己未来的援助计划。

【写作提示】

（1）通过报刊、网络、电视了解地震灾区的重建情况，以及灾区人民，特别是灾区伙伴的学习和生活情况。

（2）对于自己未来的援助计划，力求从小处着眼，做到力所能及、实事求是，切勿空想。

（3）注意书信格式，在称呼和祝语上，要充分尊重灾区的伙伴。

2.致法罗岛居民的一封信。

每年5月，丹麦所属的法罗岛进入一年一度的出海捕鲸季节，鲸流出的血把整个小海湾都染红了。尽管当地的居民生活富裕，完全可以不必靠捕鲸为生，但他们仍以捕鲸为乐，平均每年捕杀1500头鲸……

同学们，面对这血淋淋的画面，你们有何感受呢？请拿起笔来，给法罗岛的居民写一封信吧！

【写作提示】

（1）借助报刊、网络、电视了解鲸的生存状况，做到有备而来，有感而发。

（2）具体地谈谈自己看到一系列捕鲸画面后的真实感受，可以叙述事件，也可以描写场面，一定要在字里行间表达出自己的强烈感受。

（3）最后，对当地居民的捕鲸行动发表看法，提出建议。

第三板块：创造"生命"的色彩。

1.植物、动物是人类的朋友。我们的生活正因为有了它们，才会丰富多彩。同学们，你们有动植物朋友吗？或许它是一盆花，或许它是一缸金鱼，或许……你了解它们吗？你尝试过与它们交朋友吗？只要你走近它们，就会感受到另外一种生命的力量，你们之间就会发生许多美妙动人的故事。想不想把你最喜欢的动植物用文字记录下来？想不想和朋友分享发生在你和动植物之间的故事？还犹豫什么？赶快行动吧！题目自拟。

【写作提示】

（1）本次习作可以写自己喜欢的一种动植物，也可以记述你和动植物之间所发生的真实有趣的故事。

（2）写植物，要抓住它的根、茎、叶、花等部分的特点，写出生命活力；写动物，要体现它的外形特点和生活习性，写出可爱之处。

（3）记述你和动植物之间的故事，要从"生命"这个角度去写，譬如，植物治好了你的病，美化了你的生活环境等；譬如，动物排遣了你的孤独，给你乏味的生活带来了欢乐……

2.在我们身边，有许多"生命"不可忽略。当你孤独时，你的玩具朋友就会挺身而出，给你带来欢乐；当你遇到疑惑时，你的字典朋友就会伸出热情之手，帮你排忧解难；当你步行感到劳累时，你的自行车朋友就会撒下一路欢歌笑语……这样的朋友还有很多，如台灯、书桌、游戏机、篮球、足球，等等。让我们将目光转向它们，写一写它们的生命传奇！

【写作提示】

（1）可以以"_____自述"为题，写一写它和你发生的故事。

（2）可以以"我的_____"为题，抓住它的外形和作用，写一篇状物的说明文。

（3）还可以将自己身边这些事物放在一篇习作里，创作一篇童话故事。

这三个板块无论在系统结构上还是在具体内容上，都体现着这样的课程特征：一是由外及里，从儿童的周围生命世界开始，借助观察、阅读、想象的方式，将外在鲜活的生命形态转化为内在强烈的生命感悟；二是由近及远，从关注身边的一草一木、一景一物开始，逐渐将地震、法罗岛捕鲸等整个人类的生命关切融入到写作视野中来，让儿童真切感受到"我"不仅属于家庭，还属于周围的生命世界，属于整个人类社会；三是异质同构，在每一个板块中，各种类型的习作训练彼此交互，记叙、说明、议论，散文、童话、诗歌，生活、想象、感悟，相辅相成，自然贯通，让儿童走进题材开阔、形式丰富的言语生命家园中。

小声音里的习作大世界

——"象声词"习作系列微课程开发实践

有声有色，这个世界才会生动鲜活。每个人每天总是和各种声音相遇：一大早的闹铃声，锅碗瓢盆的碰撞声，菜市场里的叫卖声，马路上的车辆喇叭声，通信工具的提醒声……生活的世界声音弥漫，文字的世界也绘声绘色。细腻而精到的声音描写，让人物跃然纸上，让景观呼之欲出，让读者仿佛身临其境。

声音无处不在，无时不有，因此教学资源丰富；声音耳熟能详，变化多端，因此儿童喜闻乐见；声音清晰可辨，可以描摹，因此习作不可或缺。基于此，我们充分开掘"象声词"资源，构建"象声词"习作微课程，让它们在写话和习作中各尽其用，为儿童的想象与创造力发展、思维与表达力提升，提供一个可操作的课程抓手。

一、象声词微课程阶梯搭建

结合具体的习作教材，针对各年段儿童的认知特点，我们积极进行"象声词"习作微课的开发与实践。从单一到整组，从画面到场景，从低段到高段，从写话到构段谋篇，将"象声词"这个微观的习作要素，做成了一个微型的单元整体习作课程。

1. 认识"象声词"

实施年级：一年级。

习作目标：让儿童了解象声词，学会用象声词描摹声音。

习作流程：列举熟悉的声音→出示相应的象声词→填写语境中的象声词。

训练例举：

勤快的爸爸一下班就钻进了厨房。水龙头"＿＿＿＿＿＿"唱着歌，给嫩绿的小白菜们洗了个澡。"＿＿＿＿＿＿"，爸爸将白菜倒进了锅里，"＿＿＿＿＿＿"，铲子和锅底亲热地打着招呼。放上作料后，爸爸又从橱柜里"＿＿＿＿＿＿"地拿出瓷盘，盛上刚炒好的小白菜。

2. 具化"象声词"

实施年级：二年级。

习作要求：结合语境，将象声词转化成具体的人物语言。

习作流程：播放单一音响→用象声词描摹→进行象声词扩展。

训练例举：

"叽叽喳喳，叽叽喳喳"，一群小鸟站在云房子上，有的在说"＿＿＿＿＿＿"，有的在说"＿＿＿＿＿＿"，有的在说"＿＿＿＿＿＿"，有的在说"＿＿＿＿＿＿"。小鸟们飞过来，又飞过去，你到我的房子里来玩耍，我到你的房子里去做客，真开心啊！

3. 联接"象声词"

实施年级：三年级。

习作要求：将象声词有序联接起来，想象具体的场景，用象声词描述场景。

习作流程：逐个出示象声词→想象各自画面→将画面联接成场景→用象声词描述场景。

训练例举：

想象"嗡嗡嗡""呜哇——呜哇""嘻嘻，嘻嘻"这几个象声词背后的画面，将这些画面联接成一段有趣的故事或一个场景。

4. 组合"象声词"

实施年级：四年级。

习作目标：在一组象声词中，根据特定的语境选择象声词，并将选择的象声词组合成一个故事场景写下来。

习作流程：出示一组象声词→选择象声词匹配语境→组合象声词想象情节→在场景描写中运用象声词。

训练例举：

（1）象声词"大聚会"。

嘭　　嗖　　咩咩　　哞哞　　嘎嘎　　呵呵　　轰隆

簌簌　　叮咚　　嗒嗒　　扑棱　　扑哧　　滴答　　扑通

哐啷　　嘎吱　　咕噜　　轰隆　　咯吱　　呼啦　　咕嘟

呱呱呱　　笃笃笃　　嘀哩哩　　嗡嗡嗡

叽叽喳喳　　叽里咕噜　　咯吱喀嚓　　劈里啪啦

（2）象声词"分类秀"。

森林音乐会：_____

暴风雨之夜：_____

上学路上：_____

（　　　　）：_____

（3）象声词"故事会"。

A. 根据象声词顺序，拟定故事提纲。

B. 以象声词为导引，叙写故事场景。

5. 叠加"象声词"

实施年级：五年级。

习作目标：根据故事发展需要，不断选择和添加象声词，让故事完整具体。

习作流程：出示象声词，引出主角→添加象声词，故事有起因→再添象声词，故事在发展→再添象声词，故事掀高潮→象声词收尾，故事大结局。

训练例举：

（1）"喵"——这是谁的声音？

（2）"喵"＋"唧唧"，谁出现了？它们相遇会发生什么？

（3）"喵"＋"唧唧"＋"咣当"，出现了什么意外？意外是怎么造成的？

（4）"喵"＋"唧唧"＋"咣当"＋"轰隆"，又出现了什么意外？意外是怎么造成的？

（5）"喵"＋"唧唧"＋"咣当"＋"轰隆"＋"叮咚"，此时，谁出现了？故事发生了怎样的逆转？

6. 分解"象声词"

实施年级：六年级。

习作目标：捕捉音乐中的象声词，连贯象声词想象故事或场景，并生动具体地写下来。

习作流程：初听音乐，捕捉熟悉的声音→再听音乐，用象声词记录声音→连贯象声词，想象音乐里的场景→运用象声词，为音乐写解说词。

训练例举：

（1）播放乐曲，感受情境。

A.播放电影《喜盈门》片头曲。

B.你会在什么样的情境下听到这首曲子？

（2）再放乐曲，记录声音。

A.在这首曲子中，你听到了哪些熟悉的声音？

B.再听一遍，试着用象声词，将这些熟悉的声音记录下来。（"咚咚锵锵"的锣鼓声，"噼里啪啦"的鞭炮声，"滴滴答答"的唢呐声……）

（3）联系象声词，想象场景。

A.轻轻地读读这些象声词，你脑海中会浮现哪些画面？

B.这些画面会在哪些场景中出现呢？

（4）展开想象，写解说词。

A.请根据你脑海中的画面，给这首曲子起个名字。

B.运用你记录的象声词，给这首曲子写一篇解说词。

以"象声词"为核心的阶梯性习作课程，力求将现实生活、儿童想象、言语思维打通，有机地将声音、画面、言语融汇在一起，循序渐进，拾级而上，为儿童铺设一条幸福快乐的习作旅程。

二、象声词微课程实践解读

"象声词"微课程源自我们"童化作文"工作室的一次研讨活动。一位教师执教了苏教版四年级上册"习作4"，在课堂观察中，大家不约而同地发现，"象声词"在这次教学中一直处于被动的地位，始终追着故事或者场景"奔走"，教学的拼凑感特别浓烈。执教者很是委屈，因为教材就是这样要求的："请通过一件事的叙述，一个场景的描写，用上几个象声词。"这时我抛出话题：如果化"被动"为"主动"，从"象声词"走向场景或故事，该是怎样的情景？请大家在所在的年级自行实践。几周后，各年级纷纷展示自己的实践成果，我惊喜地发现，"象声词"这个小小的教学切口里，竟然别有洞天。经过几番研讨，一个完整而系统的习作微课程便就此诞生了。纵观这次习作课程开发，我觉得这样几个课程视角值得重视：

一是"切分"。习作课程是由无数个"课程点"组成的，特别是有些"重点"和"难点"，常常是破解儿童习作困境的密码和通道。"象声词"在习作课程的体系中，视角微小，甚至微不足道，可是它在故事和场景表达中却作用巨大，用"象声词"开场，可以让故事或场景先声夺人；用"象声词"转换，可以让故事或场景跌宕起伏；"象声词"组合不同，所体现的言语视角各异。小小的"象声词"，可以将触角伸向习作教学的各个环节，延展到各种文体的字里行间。像"象声词"这样的微视角，在习作教学中数不胜数。作为教师，要善于发现这些"微小"，更重要的是，要能从习作课程和教学这个"大蛋糕"中，主动切分出这些举重若轻、事半功倍的"微小"，习作教学之难就此会逐步化解。

二是"阶梯"。习作课程是一个历时性的时空系统，许多"重点"和"难点"并不是一蹴而就的，需要一个持续的"线性"训练历程。"象声词"微课程就真实演绎了这样的过程：认识"象声词"→具化"象声词"→联接"象声词"→组合"象声词"→叠加"象声词"→分解"象声词"。学段在提高，训练的台阶在攀升，在微课程的每次教学中，孩子既感到亲切和熟悉——后一次训练总是以前一次训练为基础，又总感到陌生与新鲜——习作内容不同，要求也不同。需要强调的是，这个阶梯不仅有"纵向逻辑"，作为"象声词"微课程的内部必须上下贯通，层层推进；还要有"横向逻辑"，作为"象声词"在各年级的微课程需要与本年级的其他习作课程协调一致，不存在教学内容和习作知识上的冲突。

三是"立体"。象声词习作，是以象声词为核心内容，以想象为教学路径，以语篇达成为教学目标的。因此，不少教师一提到"象声词"，就立即与"想象作文"联系起来，这样的理解无疑是浅陋的。纵观"象声词"习作微课程，它不仅是线形的——以"象声词"数量递增让每次习作步入新的台阶，也不仅是平面的——构建以象声词为凭借的想象类习作训练截面，它更是一个立体的课程系统——通过创设真实的语境，用具体而有针对性的教学内容构筑习作课程：为了理解"象声词"，设计了使用"象声词"到扩写"象声词"；为了打通"象声词"，设计了联接"象声词"和组合"象声词"；为了创意"象声词"，设计了叠加"象声词"和分解"象声词"。"象声词"在主题性习作课程体系中，从词到句，由句至段，自段而篇，新的习作知识不断开发，儿童的言语思维含量也不断提升，儿童的想象空间在不断扩展，儿童的习作兴趣在不断蓄积。同时，"象声词"在故事或场景语篇中，主体作用也不断加强；儿童在习作过程中，使用"象声词"的意识和习惯也逐渐形成。由此可见，知识与能力、过程与方法、情感态度与价值观，在这个课程系统中脉络交错，互融互渗。

小小"象声词"，竟然打开一片习作教学的新世界。"象声词"习作微课程的开发实践，让我们看到了习作教学的多元视界和无限空间，更提醒我们广大一线教师，习作教学的变革既要有高瞻远瞩的视野，更要有见微知著的入口。

为童年书写"历史"

——小学日记写作系列课程开发实践

一、课程缘由

日记，从本真来说，就是记录真实的生活，书写自己的个人历史。儿童从小学阶段开始学习写日记，我们可以对他们提出一些训练要求，但是日记的本真不能丢，儿童自身对日记意义的理解需要谨慎建构，否则，会直接影响到他们未来的日记意识和日记习惯。

日记内容不能有限制。日记内容是多样的，风霜雨雪、日月星辰、花鸟虫鱼……只要是儿童文化视野层面的，什么都可以写。本篇习作教材中说："日记，就是记下一天中发生在自己周围的事，也可以记下自己在某一方面的收获、体会。"而后面更是要求学生选择一件最有意思的事，仿照例文写一篇日记。日记最本真的意义不是练笔，而是记录生活。因此，日记的内容应该是无限自由的，有点意思的事情和没有意思的事情也可以成为日记的内容。这样就可以让孩子明白，日记是用来记录自己人生的"大事"，是属于自己个人的"私事"，而不是写给老师看的，也不是完成老师布置的作业。

日记形式不能有套路。爱因斯坦说过："任何一种伟大高尚的事物，无论是艺术还是科学成就，都来源于独立的个性。"写日记是最具有个性的事情，因此，它成为培养儿童个性的一个有力的平台。因此，在日记教学中，特别是引导儿童写日记的开始，我们应当尽量呈现日记丰富多彩的外在形式，让儿童感受到日记的魅力，从而产生写日记的原始动力。

总之，让日记的内容丰富起来，让写日记的形式多样起来，让日记的教学动感起来，从而让每一个儿童获得一份写日记的童年自觉。

二、课程设计

（一）"观察日记"

习作活动一：观察胖大海。

（1）出示胖大海。

（2）儿童观察。引导孩子观察它的形状、大小、颜色、气味。

（3）交流观察到的内容。

形状：椭圆形。

大小：长 3 厘米，枣核那么大。

颜色：深棕色。

气味：草药味。

（4）观察胖大海在开水中的变化。

（5）交流观察过程。

（6）介绍几本有关观察日记的书，如《木木的植物日记》《木木的动物日记》。引导孩子去观察大自然中的植物、动物、现象等。

（7）将今天的观察记录下来，作为《×××的观察日记》第一篇。鼓励孩子，只要坚持观察，也可以写出属于自己的"日记书"。

12 月 18 日　星期四　天气晴朗

老师发给每个小组的组长两粒小东西，还给了一个杯子。我仔细一看，发现它的表面是棕色的，有些粗糙，用手摸摸它，可以触到像树一样的细纹。我又闻了闻，好像有一股中药的味道。老师说，这是胖大海，可以用来泡茶喝!

老师让我们先把胖大海放进杯子里，然后往每个杯子里倒了半杯热水，让我们仔细观察。过了一分钟左右，我们发现胖大海渐渐发黑了。又过了一分钟，胖大海慢慢开始脱皮，就像一个调皮的娃娃，挣扎出了这黑色的地道，正在欢快地游泳。五分钟后，胖大海不断膨胀，像一团黑色的棉絮，又像妈妈手中的绒线团，渐渐占据了整个杯子!老师突然说道:"喝一喝胖大海泡的水，尝尝是什么滋味。"教室里骤然间热火朝天。我急忙喝了一口，咦?怎么有点像清茶的味道，淡淡的，有一丝甜味!

【设计意图】观察是思维的触角，是儿童感知世界、把握事物特征的最主要的手段。培养孩子们观察的兴趣，养成留心周围事物的好习惯，将使他们终生受益。

（二）"活动日记"

习作活动二:竖鸡蛋。

（1）师生每人准备一枚生鸡蛋。要求学生把鸡蛋竖在光滑的桌面上。

（2）学生尝试竖鸡蛋。（3分钟）

（3）师生聊竖鸡蛋。学生可以谈谈竖鸡蛋的经过和感受。

（4）教师表演竖鸡蛋，学生观察教师竖鸡蛋。

①拿起鸡蛋，让观众看一看，证明这是一枚普通的真鸡蛋。

②趁观察者不注意，将右手拇指指尖弄湿，并将一些盐沾在左手手掌心。

③用右手拇指把鸡蛋底部抹湿。

④把鸡蛋放入左掌心，这样盐就会沾在鸡蛋上。

⑤小心地把鸡蛋竖在桌上。盐会使鸡蛋直立。如果不行，左手捏着鸡蛋的一半，右手捏着鸡蛋的另一半，轻微地移动鸡蛋，找到平衡点。

（5）教师揭示秘密。并分发盐给每位学生，让他们尝试。

（6）师生一起梳理活动过程，并且按照顺序互相交流竖鸡蛋活动中的所见、所闻、所为、所感。

（7）按照日记格式写活动日记《竖鸡蛋》。

【设计意图】作为教学，为儿童设置一个典型的"竖鸡蛋"场景，以启发孩子，像这样"有意思"的事情，不仅在课堂上有，在课外活动中有，在家庭生活中也有，只要你参与，只要你留心，你的日记中"活动"的素材就会源源不断。

（三）"想象日记"

习作活动三：胡思乱想。

（1）聊聊"童年的梦"。

师：小时候，我常常幻想我能够长出一双翅膀，像鸟儿一样在天空中自由翱翔！现在的你们也有这样的幻想吗？

生：我常常想发明一种机器，只要将作业本往里一放，无论什么作业都能帮我写好！

生：我想拥有一件隐身衣，只要爸爸想惩罚我时，我立即消失得无影无踪，直到他急得满头大汗，向我承认错误为止！

生：我喜欢吃巧克力，我想如果自己的书包、课桌、作业本、玩具全部是用巧克力做的，想什么时候吃就什么时候吃，想吃多少就吃多少，那该多好！

师：在日本有一个小朋友，也和你们一样，喜欢幻想，还将自己的奇思妙想用日记的形式写成了一本书，你们想读一读吗？

（2）读几则日记。

6月5日　星期五　阴天

妈妈把铅笔油炸了。爸爸说："真好吃！"咔嚓咔嚓地吃了进去。

6 月 6 日　星期六　晴天

金鱼从金鱼缸里跳了出来，在屋里乱飞。拿网子去追，金鱼做了个鬼脸。

6 月 7 日　星期日　晴天有时下猪

今天的天气，一开始是晴天，午后下起猪来了。全家一起吃丸子时，丸子卡在了妈妈的嗓子眼儿里。一拉妈妈的脖子，妈妈的脖子一下子伸得老长。

告诉孩子们：这是日本作家矢玉四郎笔下的小朋友则安的作品。为了让妈妈不偷看他的日记，他在日记里净写些荒唐的事。而且这些荒唐的事都变成真的了。

（3）向学生介绍矢玉四郎的《晴天有时下猪》并朗读"晴天，有时下猪"这一章节。

（4）孩子聊聊各自的感受。

（5）教师小结：胡思乱想是一个孩子的权利和天赋，如果你胡思乱想了一百次，一定有一个非常出色的点子。登上月球、潜入海底等一开始都被讥笑为"胡思乱想"。

（6）当没有日记内容的时候，可以写写自己的"胡思乱想"或者是"明天日记"——未来可能发生的事情。

（7）将自己最近的"胡思乱想"写成一篇日记。

【设计意图】儿童其实就生活在"梦"的世界里，他们的游戏中有"梦"，他们的涂鸦中有"梦"，他们的交往中有"梦"，他们阅读的童话、神话、儿歌中有"梦"，甚至他们的思维中因为潜藏着"梦"的印记，而被冠名为"诗性逻辑"。可见"梦"与儿童如影随形，"梦"给了儿童诗意，给了儿童自由，更给儿童带来了一个无限渴望开阔世界的童年。写"明天的日记"可以让孩子的梦想自由驰骋，尽情释放！

（四）"绘画日记"

习作活动四：阅读绘本《蚯蚓的日记》。

（1）师生借助 PPT 共读《蚯蚓的日记》。

（2）互动交流：蚯蚓写的日记与我们语文教材上的日记有什么不一样？你更喜欢哪种形式？

（3）小结：绘画日记以画为主，文字叙述为辅，图文并茂，相映成趣，更直观、更形象。

（4）绘画日记的方法与要求。

方法：①选择利于用图画表现的事和物；②合理分配画面与文字叙述的位置；③铅笔起稿；④草拟与画面相符的文字；⑤着色。

要求：①注意文与画的整体关系；②画要形象鲜明、主次分明；③文字叙述言简意赅，与画面相呼应。

（5）模仿《蚯蚓的日记》的形式，创造属于自己的图画日记，可以是单幅画日记，也可以是连环画日记。

（6）作品交流和分享。

【设计意图】三年级的孩子正处于绘画心理学中所说的"句的符号期"与"陈述的符号期"之间，这个时期的特点就是用绘画补充语言能力的不足，这也是小孩酷爱画画的原因。"绘画日记"切中儿童言语发展的肯綮，顺应儿童言语表达的需求，让儿童图文并茂地描绘童年，表达童年。

三、课程思考

这样的习作训练，让内容和形式单薄的片段写作生成多姿多彩的单元写作，为每一个儿童提供一个宽广而丰富、动感而具体的写作空间，更重要的是建构了日记的意义和培养了写日记的意识。

从本质上讲，儿童的每一篇习作都是他们对日常生活的记录。只有强调日常性、随意性、自主性，才能唤起儿童将动感生活转化成平静文字的勇气和热情。写自己想写的事，抒自己想抒的情，说自己想说的话，让日记为每个孩子提供属于自己的个性空间。在日记教学的初级阶段，为了培养孩子写日记的兴趣，对他们的日记在内容、形式、字数上不要做太多的要求，鼓励他们想写什么就写什么，只要是他们自己的生活、自己的想法就可以；想怎么写就怎么写，只要能用通顺的语言把听到的、见到的、感受到的写出来就行；不对遣词造句、谋篇布局做更高的要求，不强求突出重点，只要他自己感到有意思就行！

　　日记教学关注的不光是儿童的现实生活，还要呵护儿童的可能生活。周一贯先生说："童年是最富有想象的一段岁月。在儿童的世界里，鸟兽能言，桌椅对话，可上九天揽月，可下五洋捉鳖……"语文课程标准正是顺应了儿童的天性，特别强调"激发学生展开想象和幻想，鼓励写想象中的事物"。因此，在所见、所闻、所作、所感的基础上，应当将"所想"融入其中，鼓励孩子用今天的笔书写明天的日记。想象与写实齐头并进，童年的色彩才能五彩斑斓，童年的精神才会自然恣意。

我的卡通我做主

——小学"卡通"系列习作课程开发实践

一、课程缘由

卡通人物，是每个孩子的心灵伴侣，是孩子们日常交往的一种特殊"语言"。在娱乐至上的今天，卡通文化几乎占领了儿童的精神领域。任何教学消解几乎都是徒劳，唯一可以做的就是"存在即尊重，存在即利用"，将卡通作为走进儿童言语和精神世界的教学资源。在小学校园里，不懂卡通的语文教师，就缺少了一条通往儿童言语深处的路径。每个卡通人物都有它的个性特点，每个孩子都能从耳熟能详的卡通人物身上发现自己的生活、自己的梦想、自己的兴趣，更重要的是自己的个性。让卡通人物从原来的故事中走出来，让梦想中的卡通人物与现实中的儿童发生关联，这是每个儿童乐此不疲的事情，更是习作教学存在的巨大空间。

习作训练只注重引导儿童想象"编故事"，却忽视了卡通走进儿童世界的现实。在真实的生活中，儿童与卡通的故事俯拾皆是。同时，"儿童与卡通"本身就是一份丰厚的写作资源，如果仅仅通过一次训练就"鸣金收兵"，相比儿童积极的参与热情和强烈的写作兴趣来说，教学的作为显得很不对称。习作教学就是对儿童写作需求的积极应对，应当从多个层面满足和丰富儿童的情感需求。因此，卡通习作课程应当多元、丰富，应当在教学中主体化、单元化、课程化，使儿童真正在习作生活中过足一次卡通瘾。

二、课程设计

导语：孩子们，一提到卡通人物，你们的脑海中立刻会浮现出齐天大圣孙悟空，脚踏风火轮的哪吒，勇敢而又帅气的名侦探柯南，还有可爱而顽强的"神奇宝贝"们——皮卡丘、妙蛙种子、小火龙……这些卡通人物为我们带来了许许多多的故事：有的惊险刺激，有的幽默滑稽，有的让我们增长了不少知识，还有的让我们懂得了许多道理。今天，将有不少卡通老朋友和新朋友来跟大家见面，让我们过足卡通瘾！

（一）我是小小"卡通迷"

1. 我的生活有卡通

师：我知道大家都喜欢卡通，能不能说说你是怎么喜欢它们的？

生：小时候，我常常哭个不停，可是只要妈妈播放卡通片的光碟，我立即就会破涕为笑。长大后，我一看到卡通光碟就想方设法买下来，现在我书橱里收藏的卡通片光碟有一百多部！

师：十足的小卡通迷！

生：暑假里，为了看《喜羊羊与灰太狼》，我常常半夜起床，偷偷地躲在客厅里看；如果在白天播放，妈妈又不让我看，我就悄悄溜到邻居家去看。

师：卡通，真是爱你没商量！

生：我喜欢迪士尼卡通人物，看，我的书包上印着唐老鸭，我的衣服上绣着米老鼠，我的许多笔都装饰着这些可爱的卡通人物。

师：是呀，卡通已经成了你们生活的一部分！

2. 卡通是我的好伙伴

师：看得出，大家都是铁杆"卡通迷"。说一说，卡通给你的生活带来了怎样的变化？

生：一看到可爱的史努比，我在学习上的所有烦恼都一扫而光！所以学习之余，看看它，摸摸它，心里就会充满了快乐！

生：卡通让我不再孤单！每当爸爸妈妈在公司加班，我一个人在家里过夜时，就抱着一个小熊维尼，摸着它暖暖的毛，想着它一个个有趣的故事，不知不觉就睡着了！

生：我打小就喜欢各种卡通人物，渐渐地，我发现这些卡通人物多半诞生在美国、日本。所以，我立志将来做一名卡通设计师，为中国小朋友的童年带来别样的风景。同时，我还要将我的卡通人物传播到外国去，让外国的小朋友增加对中国的了解。

师：看来卡通改变了我们的生活，给我们的童年增添了绚丽的色彩！下面就让我们拿起笔，将发生在我们身上的卡通故事一一写下来。可以是一件关于卡通的趣事，也可以是自己对一个卡通人物的喜爱，还可以是卡通给自己的生活带来的变化，等等。注意：只写实，不想象。

3. 我的卡通生活

葫芦娃——成长路上的好伙伴

小时候，只要一打开电视，我就会又蹦又跳，大喊大叫："妈妈，葫芦娃来啦！！"那时，葫芦娃就像是我生命的一部分，只要一天看不到它，我就会不吃不睡，又哭又闹。可是，只要妈妈往影碟机里一插入《葫芦娃》的碟片，我就会立刻安静下来，乖乖地坐在妈妈的腿上，目不转睛地看。看着电视里的葫芦娃与妖精打斗时，我说不出心里有多激动，但又不能用语言表达出来，只好哇哇乱叫，然后窜到地上，学着葫芦娃的样子又蹦又跳，开心得不得了。那时的我完全陶醉在葫芦娃的世界里，只觉得葫芦娃很厉害，幻想着长大后要像葫芦娃一样，做个除恶扬善的大英雄。妈妈总会在一旁哭笑不得地说："这傻孩子，见了葫芦娃就像丢了魂。"

识字以后，我便更加喜爱葫芦娃。我爱他们的勇敢，为了使爷爷脱离妖精的魔爪，葫芦娃上刀山，下火海；我喜欢葫芦娃的机智，总在妖精不知不觉中盗走至宝如意，把妖精洞弄得一塌糊涂；我喜欢葫芦娃的本领高强，他们能口吐水、火，刀枪不入，有着千里眼，顺风耳，可以隐身，可以变大，手中葫芦吸万物；我也喜欢种植葫芦的老爷爷，为了让七葫芦不认贼做父，与兄弟反目成仇，他回到葫芦山找到七子彩莲，使七兄弟团结一心，为了让二葫芦恢复视力，他日夜操劳……

随着时间变迁，成千上万的卡通片横空出世，但始终没有改变我对葫芦娃的喜爱。现在在我的抽屉里，还珍藏着一套完整的《葫芦娃》影碟；在我的书橱里，还陈列着各种版本的葫芦娃图画书。只要有时间，我还忍不住"温故"一番呢！（沈碧辉）

我的"卡通王国"

如果用心观察，你会发现我的生活离不开卡通，到处都有卡通的痕迹！

先看我的衣服。我的每件衣服上都印有可爱的卡通人物，有淘气的米老鼠，有优雅的白雪公主，有聪明的喜羊羊……穿上这样的衣服，特别有精神，无论走到校园的哪个角落，都会引来无数羡慕的目光。甚至还有不少低年级的小弟弟小妹妹主动凑上来，忍不住摸一摸，还奶声奶气地问我这件衣服是从哪儿买的！

当然，还不止于此，我的卧室里，床上的被子上躺着飞天小女警，家具都印有"HELLO KITTY"，玩具是调皮的维尼熊，就连台灯的造型也是唐老鸭。所以呀，到我家玩的同学都会"赖"着不想回家，好过足一回卡通瘾！

我还喜欢收集卡通木偶，瞧！在我家的装饰柜里，摆满了各种卡通木偶，它们形态各异，栩栩如生：有两手伸进魔法袋里正准备拿法宝的哆啦A梦；有坐在筋斗云上的孙悟空；有带着黑色大边框眼镜的柯南；

有戴着粉色蝴蝶结的 Kitty 猫……

总之，我的生活成了一个"卡通王国"，衣食住行，都离不开卡通。而且我还有一个愿望，那就是长大了要成为一个卡通设计师！（郁姜鹏）

喜羊羊，我的最爱

它是一只普普通通的小羊。浓浓的眉毛下，一双圆滚滚的大眼睛透出它的机智聪慧。它总能在最危急的时刻想出办法，让大家脱离死神的魔爪。它的身上充满勇气与正义，虽然它是一只羊，却一次又一次从"狼口"下逃生，带领羊部落与诡计多端、贪婪狡猾的老狼斗智斗勇。想必，你已经猜出我说的是谁了吧？对！它就是我心中最爱的喜羊羊。

喜羊羊虽然不像奥特曼，有着维护世界和平的壮举，但它却守卫着整个绵羊部落，成了不可缺少的力量；它虽然不像孙悟空，千变万化，腾云驾雾，但它的小脑瓜里装的尽是让灰太狼狼狈不堪的高招；它虽然不像哆啦A梦那样有个神奇的魔法袋，但它的天真烂漫、淘气可爱、机智勇敢一样打动了我！

别看它只是一只羊，我可以从它的身上学到很多人生的道理：懂得了如何宽容对方，学会乐观地看待一切，明白在困难面前不要垂头丧气，面对失败要越战越勇……也许这些就是我喜爱喜羊羊的理由吧！（施佳）

"史努比一族"趣事

在所有的卡通人物中，我最喜欢史努比！在我们班上，我可是独一无二的史努比的"铁杆粉丝"。

我们班举行才艺大比拼，我告诉大家，我可以十秒钟画出一个史努比！同学们将信将疑，便围聚过来让我现场表演，我毫不犹豫地答应了，立即挥笔在一张白纸上作画，同学们则在一旁数数："一、二、三……"那场面让我特别过瘾，当数到"十"时，一个栩栩如生的史努比便出现在大家的眼前，同学们瞪大眼睛，张大嘴巴，异口同声地说："哇！这也太神了！"从此，我十秒钟就可以画一个史努比的传奇故事在校园里传开了，遇到开联欢会时，大家都忍不住让我表演一番！

我不光会画史努比，我的生活也充满着史努比的身影。我的爸爸是史努比家纺品牌制造商，在家里谈的是史努比。卧室的床上铺的是史努比，枕的是史努比，盖的还是史努比，就连我的睡衣上都绣着史努比图案，房间的窗帘也是用印着史努比的布做的，瞧，我的卧室就是"史努比乐园"。

再看看我的穿着，同样也离不开史努比，我的衣服基本上是清一色的史努比品牌，春夏秋冬无一季不穿着我至爱的史努比。妈妈有时开玩笑说："你呀，就差自己不叫史努比了！"（王晴）

（二）我当卡通"设计师"

师：当一名卡通设计师，是许多孩子童年的梦想。你有过这样的梦想吗？先让我们热热身，为自己设计一个卡通人物，给它起一个响亮可爱的名字。怎么样，有点迫不及待了吧？心动不如行动，让我们拿起笔，开始一次神奇、动感的卡通之旅吧！

1. 画一画，写一写

师：先想一想你脑海中即将诞生的卡通人物是什么样子，然后试着用彩笔画出来，再给它起一个响亮的名字，最后，为你的精彩创意写一段解说词。

（1）新卡通人物之"帅不帅"。

一对又圆又短的小耳朵，毛茸茸的，一双蓝宝石似的眼珠在眼眶中"咕溜咕溜"地转着，一头墨绿色的头发，还是超级赛亚人的发型呢！它有着一身碧绿的皮肤（除了脸），而且富有弹性，即使你将它拉长沿着地球赤道绕10圈都没有问题。哎哟，你可别误会了，它可不是"长江七号"。它就是我设计的卡通人物"帅不帅"，因为当它被我设计出来之后，说的第一句话就是"看我帅不帅"。"帅不帅"有许多特异功能，比如"复原术"，它能将打碎的任何一样东西复原，甚至经过复原后比原来更新。如果你打碎了家里的花瓶、花盆、玻璃窗、眼镜，不要慌张，请"帅不帅"来帮忙，必定让你化险为夷，逃过爸妈的打骂；比如"再生术"，当你想买某种玩具而父母不同意，你可以向"帅不帅"求援，当它确定你的要求不过分，它那宝石般的眼睛便射出一道微光，像变魔术一样，从背后抽出你想要的东西。怎么样？我设计的卡通人物神不神？（江凯）

（2）新卡通人物之"京奥"。

"京奥"是一个美丽的天使，修长的个子，亭亭玉立，充满着东方女性的魅力。她乌黑的头发盘绕成一个个圈，缠绕着世界各地的人们对奥运的眷恋和向往；她的额头上深深地印着北京奥运的会徽——"京"字，体现着中国人民期盼奥运的火热心情；她身着洁白的长裙，高雅而华贵，象征北京奥运的圣洁和庄重；她的胸前佩戴着一簇橄榄枝图案，表现出中国人民对世界和平所做出的努力；她的脖颈上挂着一个镶嵌着奥运五环的银色项链，预示着奥运精神将在北京奥运会上大放光彩。"京奥女神"，你是团结的使者，你是和平的福音，你是拼搏的化身，你的形象会给北京奥运带来祝福和吉祥！（袁钰铭）

（3）新卡通人物之"可爱多"。

一双长长的兔耳朵粉嫩嫩的，身子圆滚滚的，小手肉嘟嘟的，双脚短短的。圆乎乎的大眼睛炯炯有神地嵌在脸上，如果不仔细看的话，你还真难发现，她有一张可爱的樱桃小嘴。俏皮可爱的猪尾巴为她的形象画龙点睛。嘻嘻，她被我称为"三不像"是因为她耳像兔，尾如猪，脸似人。不过千万别被假象所迷惑，兔子听觉灵敏的耳朵到了她身上便失效了，小猪富有弹性的尾巴成了她耍人的工具，那张人见人爱的人脸只是向你求饶的最好武器，特别是她的樱桃小嘴，吃饭的时候比谁都张得勤快。"可爱多"没有特异功能，缺点一箩筐，优点寥寥无几，可它却给我带来了许多快乐。（张佳俊）

2. 展一展，写一写

师：在班级或者小组里举行一次"我的卡通人物展示会"，以"欢乐卡通秀"为题，将这次卡通展示会的情况有重点地记录下来，与自己的伙伴和亲人一起分享创造的快乐！

欢乐卡通秀

卡通，是每个孩子最喜爱的。今天我们班举行一次"我的卡通人物"设计大赛，同学们"八仙过海，各显神通"，不一会儿工夫，一个个造型奇特的卡通形象，赢得一阵阵热烈的掌声。

最先上场的是陆家豪同学，他得意地举起了自己的"小飞娃"滔滔不绝地讲起了自己的创意："这个'小飞娃'火眼金睛，可以看到地下的矿藏和海底的宝藏；他脚下的风火轮能带着他上天入地，飞在天上，他的速度和勇猛不亚于'圣斗士星矢'，他穿越海底，可以拦截国外最先进的核潜艇！你看，他头顶上还竖着一个长长的辫子，简直就是一部雷达，用来收集各方面的信息，随时接受我的召唤！拥有这样一个'小飞娃'，大家可不要妒忌我哟！"他一介绍完，立刻赢得了一片啧啧赞叹，有的男同学还情不自禁地走上讲台，要看个究竟！

接着上场的是"小诸葛"赵俊杰，他清了清嗓子，用他独一无二的"赵氏腔调"解说起来："我的卡通人物名叫'老顽童古古怪'，他长着一张又大又圆的胖脸，我这样设计是因为胖子一般都精力充沛！"台下立即笑成了一片。"古古怪的眉毛浓浓的，就像一堆煤块堆在那里，要知道大凡聪明的人眉毛都很浓哦，譬如鄙人！"台下的笑声更响了！"最具特色的就是他的秃头了，像个停机坪，中间用来起降飞机，两边长着茅草。大家知道为什么会这样吗？那是因为'热闹的马路不长草，聪明的脑袋不长毛！'"哈哈……他的介绍把大家乐得前俯后仰，有的同学捂着肚子直不起腰来！

接着又有同学上来介绍了"京奥女神""QQ仔""基米花"……真是异彩纷呈，让人应接不暇！大家的手掌都拍红了，眼睛都瞪圆了，脖子都伸直了，唯恐错过精彩的瞬间！

这次"卡通秀"，秀出了精彩，秀出了活力，使全班同学插上了想象的翅膀，在卡通王国里尽情翱翔。（钱毓雯）

（三）我和卡通的"新故事"

师：看着笔下诞生的卡通人物，联系你周围的世界想一想，它可能与生活中哪些事物、事情发生联系？它会给你的生活带来怎样的变化呢？展开丰富的想象，为你笔下的卡通人物创作一个内容具体而有趣的新故事。

汶川救灾记

最近呀，我可是太幸运了，得到了一个和哆啦A梦一样神奇的卡通宝贝——"多啦咪"。她是一只全身粉色的小老鼠，说起话来，嗲声嗲气，可真像一个会撒娇的小公主。多啦咪的神奇之处，就在她脖子上那个不起眼的心形小钥匙。当她想要施展魔法时，只要握住钥匙，默念咒语，便可以了！

有一天晚上，我和多啦咪正在看《新闻联播》，得知四川发生了8.0级特大地震。到处都是残垣断壁，到处都是呼救的人群，我和多啦咪的心一下子被揪紧了，泪水不知不觉地涌出眼眶。在妈妈的支持下，我们决定去灾区当志愿者。

怎么去呢？多啦咪紧握钥匙，默念几声咒语，一只哈里·波特的魔法扫帚立刻出现在眼前。救人十万火急，我们来不及与妈妈告别，就飞向了灾情最严重的地方——汶川。

不一会儿，我们就来到一片废墟前。"你听！"多啦咪突然竖起了耳朵，"好像是婴儿的哭声！"我紧皱眉头："快下去看看！"多啦咪握住钥匙，默念咒语，身体立刻变小，她沿着缝隙钻了下去。"水泥横梁下有人！"多啦咪及时向我传递信息。"多啦咪！快用咒语吧！把横梁移开！声音越来越微弱了！""遵命！"只听见"轰"的一声，废墟开始移动，地面渐渐露了出来，一个年轻的妇人出现在我的眼前，她闭着眼睛，脸上苍白，双手紧紧地搂着一个两三个月的孩子，那个可怜的孩子正在笑眯眯地看着我，无知的她还不知道，她的妈妈已经永远地离开了她……我慢慢地走了过去，抱起了可怜的她，开始搜寻下一位被困者。

"世上只有妈妈好，有妈的孩子像块宝……"不知是哪儿隐隐约约地传来了歌声。"多啦咪，快速搜寻！"多啦咪腾空而起，默念几声咒语，一台超声波探测仪就出现在她的手中。"施佳！声音是从这儿传出来的！"多啦咪指着一片废墟喊道。"多啦咪，赶快施救！"多啦咪马不停蹄，立刻施展她的"乾坤大挪移"魔法。废墟慢慢地向两旁移动，"我在这！我在这！！姐姐！！！"接着，在一块水泥砖下的一只手……大半个身子……一个身上满是鲜血的女孩出现在了我的眼前！"让我来为她疗伤！"多啦咪的脸上冒出了豆大的汗珠，她已经很累了。只见她念念有词："啊拉萨迷……"小女孩断裂的胳膊可以动了，脚上的血一下子消失了，她活蹦乱跳地站起来和我拥抱。

我们的救援还在继续，被我们救出来的人顾不得擦去脸上的灰尘和血迹，继续加入救援队伍。多啦咪一下子在灾区成了英雄，几天以后，她的形象出现在大小报纸上，她成了家喻户晓的明星人物。当然，她的

身旁还有我！（施佳）

"可爱多"

"啊——"阳光洒进了我温暖的小被窝，我不由得伸了个懒腰，打了个呵欠。我实在太困了，我懒得睁眼寻找软绵绵的小猪牌拖鞋，干脆赤脚下床，像梦游似的摸索前行。

咦？什么东西肉嘟嘟的、暖乎乎的，我不记得家里养了什么宠物啊！"喂，你的脚真臭，你压着我了！"一个甜甜的声音在耳边响起。不对！肯定不是妈妈，她才不会那么温柔，难道聂小倩把我带到了阴间？我还年轻啊！一下子我睡意全无，下意识地向后退了一步。什么东西？一个胖乎乎的球出现在了我的眼前，我试探性地用脚踢踢她。这个球渐渐膨胀起来，出现了手、脚、脸。好可爱的小东西。我还沉浸在惊讶中，她突然拍了一下我的头。鬼啊！刚刚与我小腿一般高，怎么一下子就"蹿"到了我的脑袋上？我用力揉揉眼睛，晃晃脑袋，希望一切只是在做梦！"Hi！你好！本人名叫可爱多，希望和你交个朋友。"她又恢复到原来的身高，伸出了肥肥的小手，向我打招呼。我笑了笑，伸出了两个小指头，算是勉强"成交"吧，我好奇地低下头，原来支撑可爱多的是她长长的猪尾巴哟！

"我肚子好饿，有没有吃的？"可爱多揉了揉肚子，可怜兮兮地望着我。"好吧！我去拿！"我无可奈何地走向厨房，捧来两包薯片，本想一人一包，谁知她反客为主，等我反应过来，两包薯片已进了她的肚子。"真好吃，我还要！"好吧，我咬咬牙捧出我一个月的"零嘴"，结果一会儿工夫，地上满是张开"嘴巴"的包装袋。心痛啊！这个月才刚刚开头，这以后二十多天里我该怎么过呀！

"可爱多！"我张牙舞爪，准备用武力解决，以泄我心头之恨。可她就像没听到似的，依然砸吧着嘴，好像还沉浸在美食里。"可爱多！"我大吼，顿时北风呼啸，天崩地裂。"你叫我啊？"可爱多好像刚刚反应过来，立马换了副可怜的表情："我已经好几天没吃饭了，我知道你不会吝啬这些零食而让朋友挨饿的，哦？"她说得有板有眼，时不时朝我眨眨眼睛。我的无比愤怒立刻化成了无限柔情。"好吧！"我点了点头。"嘻——"一声狡猾的笑声从耳边滑过，可爱多轻轻一跃就贴到了天花板，随即一个转身，长长的尾巴弹了我一下，我一下子滚到了床边。这小东西，真是狡猾，真是可爱！

　　这就是我和可爱多的第一次相遇，在以后的日子里，淘气的可爱多给我带来了许多麻烦，但也带来了许多欢笑。生活因为有了她而变得更加五彩缤纷！（张佳俊）

（四）为我的卡通设计"海报"

　　师：孩子们，你们笔下诞生的卡通人物可爱有趣，你们创作的卡通故事精彩纷呈，如果没有伙伴来欣赏你们的劳动成果，来分享你们的创造快乐，岂不可惜？其实，要吸引大家的视线，一点也不难，只要为你们的卡通新人物、新故事设计一张海报，一切就会水到渠成。瞧，下面就有两张海报新鲜出炉啦！

　　结语：同学们，我的卡通我做主！只要尝试，一切皆有可能；只要创造，一定精彩无限！让我们都来创造属于自己的卡通人物，都来写作属于自己的卡通故事吧！

三、课程思考

　　经过如此"丰富"，一次习作教学被丰厚成一个主题单元的习作训练。从写实到想象，从说明到叙事，从图画到文字，基本上覆盖了儿童的卡通生活，舒展了所有的卡通情结。回顾这一单元的习作训练，我觉得扎根在儿童文化土壤里的习作教学，不仅要让儿童在写作知识、能力系统层面得以提升，还要在童年精神层面给予他们更多的守望和呵护！

将习作资源"活动化"。卡通在儿童视野中是一个非常重要的话题，作为教师，要善于开发这个话题，善于建构这类课程，将写作训练潜藏在一个以言语训练为指向、以卡通人物为载体的完整"活动链"中，使每个孩子在以卡通为主题的活动中不断放大习作快乐，不断拓展习作视角，不断转换习作文体。本次教学分三个主题展开：之一，"亲亲卡通"——介绍自己独特而丰富的卡通生活故事；之二，"画画卡通"——举行卡通设计大赛，让每个孩子为自己的卡通人物起名字，写解说词，进行我的"卡通秀"；之三，"写写卡通"——以自己喜欢的卡通人物为主角，创作一个精彩有趣的故事。这一系列活动，不仅可以丰富儿童的感观，让他们的言语积累在具体的活动情境中"复活"，还可以弥补儿童生活体验的不足，使他们以"亲历者"的身份，以"建构者"的姿态进入到习作过程中，成为习作的经历者、享受者。

将习作资源"单元化"。本次教学设计从"生活世界的卡通"和"卡通视界的儿童"这两个维度展开，根据学段课程目标，结合习作活动特点，容量上从点到面，内容上贯通现实和想象，形式上绘画与写作相互结合，从将一个单独的习作训练建构成一个完整的习作主题单元。这样做，一方面拓展了习作教学的厚度，增强了习作训练的密度，不断从精神层面为儿童蓄积写作动力；另一方面通过点点落实、层层递进的方式，形成了一个自然的训练坡度，又为整个习作教学过程搭建了一个拾级而上的阶梯。

教材是"童化作文"教学的"支撑点"，同时也是"童化作文"课程的"附着点"。从教材出发展开习作教学，一方面使教材的资源获得最大的效能；另一方面放大了教材的功能，提升了教材在"点"上的适用性，从而使教材更加生动立体地呈现在儿童面前。

第五章

真情真意的随思碎想

一间优质的"写作教室"里，一定潜藏着许多动人的写作教育故事，因为有故事，这间"写作教室"才显得润泽鲜亮；一间温暖的"写作教室"里，一定驻守着一个高贵的灵魂，因为坚持思考，这间"写作教室"才彰显出生命的力量。

"从微风里，飘来流水音"

　　这个星期天，我要求五（3）班的孩子写放胆文，就是确定一个大致的范围——写一件发生在暑假里的事情。应该说，题目的空间很大，可是就有孩子无从下笔。于是，我与他随便聊起来：

　　"暑假里，你印象最深的事情是什么？"
　　"去内蒙古！"
　　"除此以外呢？"
　　……（孩子有些茫然）
　　"暑假里，有没有什么事情让你感动，让你伤心，让你害怕，让你激动，让你困惑？"
　　……（孩子陷入了沉思）
　　"哦，我想起一件让我害怕的事情，就是我和爸爸在去洗澡的路上看到了一起车祸！"

　　孩子与暑假生活的通道一下子接通了，表达的思路也一下子打开了。可是，这个孩子的言语困境不是个体现象，而是一种群体倾向：写作文，就是将生活中发生的"大事"写下来，有集体性质的，诸如参观游览、会议典礼、运动比赛、抗震救灾募捐等；也有个体性质的，譬如生日聚会、外出旅游、获得意外的礼物等，除此以外，生活中再也没有什么事情可以写进作文。

形成这种困境最根本的原因在于，我们的作文教学长期以来，一直注重健康的、有意义的"宏大的叙事"，而对儿童真实、寻常、细微的生活却很少珍视和顾及，长此以往，儿童的真实生活、儿童的情趣生活、儿童的游戏生活渐渐淡出了教学的范畴，游离在儿童写作意识之外。习作课堂上，看到抓耳挠腮、苦于"无米之炊"的儿童，有些专家和教师便形成这样的"论断"——孩子不会写作，就是因为没有生活，繁重的课业负担让他们失去丰富而欢乐的童年生活。这样的"论断"不知迷惑了多少家长，祸害了多少同仁。明明是写作教学体制内出了问题，硬是将问题强拉到体制外，归罪于应试教育，让它成为彻头彻尾的万恶之源！

　　"子非鱼，安知鱼之乐？"儿童寻求新鲜快乐的生活是他们的本性。教室里的追逐、楼道里的游戏、草丛里的寻觅、雨中的球赛、队伍中的私语、自习课上的哄笑……童年的故事就是这样毫无预设、漫不经心地发生着、行进着、消逝着，在教师和家长眼中，是"无知的嬉闹"，是"冥顽的童性"，可是在儿童眼里却是一次意外的快乐，却是一个特别的发现，却是一种别样的交往。这一幕幕"来也匆匆，去也匆匆"，儿童自身不去关注，因为这是他们常态的生活，每天都是"正在进行时"；可作为成人，特别是语文教师，如果也不去关注，那就是任由弥足珍贵的教育资源流逝！

　　真正的写作教学，就是从儿童寻常生活中捕捉教学的契机，搜寻课程的资源，获得指导的起点。"一花一世界，一叶一菩提。"每一个儿童都拥有一个丰富的精神世界，都拥有一个丰盈的生活世界，我们的习作教学要学会"往下看"——做儿童世界的全心体察者、细腻观察者、耐心发现者，及时为儿童开掘适时的言语通道。与此同时，我们用自己的细腻去影响儿童的细腻，用自己的敏感去激活儿童的敏感，引导儿童"向己看"——写作就是写自己，自己的故事，自己的精彩，自己的话语，自己的情感。

关注儿童习作的几个向度

　　同样一篇习作，家长读与教师读，感觉肯定不一样，所作的评价也不一样。因为家长的评价是基于一个成人对儿童的言语评判，标准是自己多年累积的阅读和写作经验；作为教师，他们的评价是执教者对一个学习者的言语认同程度，标准是语文课程标准对于本学段要求和本次习作的预设目标。前者具有社会性，立足于言语实用角度；后者具有专业性，立足于教学效果。这两者基本上都能反映一个儿童真实的言语水平，因此他们的评价都无可厚非！我以为对于一个儿童的习作，除了以上两种视角，还应当有另外一种向度！

　　向度一，孩子是否在用自己的言语写作。在孩子的博文中，我经常读到一些"文件式"的语言。明明是在写自己过生日，可是有些孩子却生硬地将"祖国母亲的生日""台湾小朋友""地震灾区的伙伴"这些宏大的主题链接在一起。如果心中确实有这种想法，的确值得赞赏，可是字里行间，我很难发现应该属于一个孩子的真诚和自然。不用自己的语言写作，已经成为当下儿童写作的一种行为习惯，成为一种文化现象。别看他们年龄小，一下笔，你就很难发现儿童的影子，"大道理"张嘴就来，一套一套的，将原本属于自己的、富有情趣的日常叙事搞得索然无味。在儿童习作中，我更希望看到的是"小"——小秘密、小活动、小把戏，小到只有孩子才会喜欢，小到只有孩子之间才会发生；而不是"大"——大场面、大主题、大范围，大到无所不有，大到包容一切。因为让一个天真的儿童用言语去表现一个世界、一个国家、一个社会的热点、焦点，这该是多么枯燥、多么困难、多么累人的事情呀！因此，让每个儿童用自己的话语写作，这是一篇习作的品质所在。

向度二，孩子表达的是否是自己的想法。在当下儿童的习作中，共性的情感、共性的认知铺天盖地，而个性化的东西凤毛麟角。这是不是意味着儿童个性集体性萎缩呢？这样的判断显然不对！从许多家长和专家的言论中所呈现出来的信息是，现在的孩子不是没有个性，而是太有个性，任何事情都有自己的主张。在文字层面个性失语，在行为层面却个性张扬，这两者的失衡和强烈反差，反映出当下儿童在写作生活中有意识地进行着"个性隐匿"。这不能不是习作教学的悲哀！为什么儿童不以真实的言语面目示人呢？一方面是传统的习作教学不允许儿童有自己的想法——写作内容必须是"健康的"，写作的情感必须是"积极的"，言语的形式必须是"规范的"，这些规矩捆绑了儿童的个性，说"普通话"自然成了情理之中的事情；另一方面，传统的习作教学过程运行是单向的，教师的"教"直指训练内容，儿童的"写"直指训练目标，儿童的即时生活与写作无关，儿童的言语欲求与写作无关，习作教学与儿童的心灵世界成了永不相交的"平行线"，在孩子的习作中怎么会有发自肺腑的声音呢？因此，让每个儿童表达自己内心最真实的情感、最真实的欲求，这是一篇习作存在的意义，这是一次习作教学的价值。

向度三，孩子的言语发展是否具有可持续性。一次习作教学，它的目标不是完成一篇文章，它应当为儿童下一次写作蓄积力量；一篇习作，它展示的不是一个儿童现有的言语水平，而是这个言语发展的无限可能性。面对儿童的习作，我们的关注应当有底线，那就是文通字顺，将意思说清楚，写具体。在此基础上，我们的目光要放在儿童的交往意识上——作者写作这篇习作是为了什么，是倾诉，是介绍，还是分享；还要放在遣词造句上——是否能流畅地用积累的词语表情达意，文字之间是否充满着灵动和张力；还要放在思想认识上——诚实、友善、质朴等人性立场是否体现在叙述、说明过程之中。一篇习作，应该成为一个儿童当下精神状态、言语状态的综合性体现。我们关注儿童的文字，更要关注文字背后的儿童，他们的所思所感，无不潜藏着无限的写作动力。忽视了这些，儿童言语的成长性就无从谈起！

不要折断梦想的翅膀

　　小何是班上富有"诗情"的小男孩，他经常在全班同学面前激情澎湃地朗诵自己的诗作："我追随着风，直到海的尽头，天的断崖。风，我们一起飞舞吧，就这样一直飞舞！看大地在微笑，天空在微笑，大海在微笑，啊！万物都在微笑……"他每次朗诵时都微闭着双眼，挥动着手臂，非常陶醉！可是招致而来的不是赞美，而是台下同学的一阵阵哄笑！不过他写诗的热情并没有因此而消减，而是与日俱增地膨胀！他经常得意地把他的"诗作"送到我手上，看着他一脸的天真和稚气，双眸中充满期待的目光，我耐着性子读下去，"人生虽然不是个个风风火火，但是对每个人而言，自己的一生，都是一段传奇，一段奇迹……"念着这"少年聊发老夫狂"的"诗句"，我忍俊不禁。我强忍着自己的笑意，硬着头皮对他说："写得不错，有诗的感觉，如果能用你的眼光看看这个世界，写出你自己心底最真切的声音，那就更有诗味了！"他似懂非懂地点点头，继续"生拉硬拽"地说："老师，这首诗能不能帮我投稿发表？"我连忙找借口："最近老师比较忙，这样吧，我抽空给你改一改好吗？"他高兴地离开了我的办公室，我也如释重负叹了一口气！

　　在以后的日子里，小何每次碰到我便追上前问："老师，我的诗改好了吗？"我总是以不同的借口推脱，说实在的，心里对他真有点烦了。在一次作文讲评课上，小何主动要求到讲台前展示他的习作，背投的屏幕上出现他歪歪扭扭的字时，台下有些哗然。接着他开始朗读了，病句、错字层出不穷，把"轻轻地敲门"写成"轻轻地搞门"，还不时蹦出"笑迎八方客，细谈人生中"这些莫名其妙的句子，台下的同学们笑成了一片，甚至扭成了一团。我的脸再也挂不住了，先是板着脸给他修改，后来便开始训斥："你写的是什么作文？你还真把自己当诗人呢？"台下的一些"好事者"随声附和："还自称自己是诗人呢！连基本的句子都写不通顺！"小何也没有了以往的自信，先是面红耳赤，后来竟泪流满面。我看势头不对，连忙给自己找台阶下："你自己说，你这篇作文写得怎么样？"我指望他会说不好，这样我就可以名正言顺地让他回到座位上修改了。始料未及的是小何并不买账，他一抹眼泪，满脸不服地说："我觉得我写得蛮好的，你们为什么要笑我？"我一下子愣住了。幸好此时课间音乐响了，我借机逃离了教室。

在以后的日子里，小何再也不在班上读他的"诗"了，遇到我也不问诗改好了没有。就连上课时，他的眼神都有意地躲着我。我感到了莫名的失落。静下心来，我越想越觉得"罪恶"深重：小何写诗其实是童真、童趣的另类表达，就像有的孩子喜欢下棋，有的孩子喜爱踢球一样，只求将自己的情感张扬和宣泄出来，这是他的生命自由，我凭什么要求他把"诗"写成我心中所理解的那一种式样呢？写诗，成为诗人，可能是11岁的小何的金色梦想，我有什么权利去碾碎一个少年对人生、对未来刚刚搭建起来的美好希冀呢？苏霍姆林斯基说过："对待孩子的心灵，就像对待荷叶上的露珠，要小心翼翼。"而我呢？用近乎于粗暴的方式泯灭了一个孩子隐藏在心灵深处的诗性和神圣，也许小何从此会远离诗歌，也许小何会因此学会隐藏和逃避。

今晚，我要去认真修改小何的诗，并换一个角度去欣赏他的诗。明天我会对小何说："你的诗精彩极了，请你在全班读一读吧，我和大家都愿意听，都喜欢听！"

写作就是心灵的相遇

　　冬日，大课间活动如火如荼。我走向教室，准备作课前准备。在教室门口，被小施拦住了。"吴老师，我最近发明了一种新的'花样跳绳'，请您鉴赏！"她一脸认真的表情实在让我不忍心拒绝。"行，愿意当你忠实的观众！"

　　小施使出浑身解数，像一位舞动的精灵，绳子在她的上下、左右、前后翻飞，在我的眼前飘忽不定。"真棒！"我情不自禁地鼓起掌，周边正在跳绳的孩子也被吸引过来了，一起加入到观众的行列。

　　"吴老师，她跳得不咋的，肯定是我的手下败将！不信，我们就来比一比，你给我们当评委！"一旁的小徐跃跃欲试。其他的同学一看有"戏"瞧，都兴高采烈地当起了拉拉队，我也被裹挟其中。

　　小徐用挑衅的目光瞄了两眼小施，雄赳赳气昂昂地站在圈子中央。绳子仿佛从他身上长出来似的，从头部、背部、臀部、脚底来回穿梭，或是一条线，或是一个圆，或是一只转动的球，人在旋转，绳子在手臂间不断交叉，花样在不断变换……掌声雷动，一旁的我大开眼界、惊叹不已。

　　小徐以一个顽皮的姿势谢幕，小伙伴们被这火热的场面感染了，按捺不住表演的欲望："吴老师，我也要跳！""吴老师，我保证比他们跳得更好！""吴老师，不怕不识货，就怕货比货，看看我跳的！"……看来不能厚此薄彼，否则会激起"公愤"；可是如果逐一看下去，的确也没有那么多时间，怎么办？我的大脑在飞速运转！

"我知道大家都跳得很好，可是眼看就要上课了，大家有什么高招让我继续欣赏下去呢？"解铃还须系铃人，我把问题抛给了孩子们！

"上午跳不完，下午大课间再来跳！"

"把本周体育课拿出来，我们搞一个花样跳绳比赛！"

"我们回家拍成视频给你看！"

……

"这些方法好是好，就是拖的时间太长，而且很麻烦，有没有更简便更快捷的办法？"我摆出一副迫不及待的姿态。孩子们一时间抓耳挠腮。看到时机已到，我施出援手："吴老师这里有一个好办法，想不想听一听？"一时间，孩子们目光如炬。

"请大家把自己的花样踢法用文字写下来，步骤一定要写清楚，所有的动作要领一定要写仔细。如果你发现有的步骤和动作不能用文字写清楚，不妨用图画出来。"

一听到要写，孩子们目光有些暗淡。我又添了一把"火"："如果大家所描述的踢法，吴老师一读就明白，一学就会，我可以将他（她）的这种踢法用本人的名字命名，譬如，'施佳花样踢法''徐阳阳花样踢法'，如果是王晴的，那就是——"

"王晴花样踢法！"孩子们异口同声，目光里闪烁着激动！

"下节课，吴老师的语文课就留给大家写作吧！如果遇到一些动作写不清楚也画不明白的，伙伴之间可以相互请教，共同商议。"

孩子们欢呼雀跃，回到教室，立马忙碌起来。傍晚时分，各种花样踢法纷纷出炉，光是名字就让我眼花缭乱：有从动作着眼的，譬如"单臂飞花""单双脚轮转"；有迁移挪换的，譬如"霹雳绳舞""心随绳飞"；有偏重写意的，譬如"花团锦簇""万马奔腾"……再看看正文，多半图文并茂，语句通顺，表意清楚。

经过几轮自改、互改，我将孩子们的文稿编订成一本书，书名为《霹雳绳舞——五（5）班花样跳绳大全》，我还为本书写了序言。后来，这本"自制书"不仅在本班流行，还被漂流到其他班级，多次进入班级的"悦读排行榜"。

原本是一场突如其来的日常花样跳绳，不知不觉间演变成了一次别开生面的"非连续性文本写作"，生成一次鲜活的"花样跳绳"习作课程。这次经历，让我深深感受到：课程其实就是师生心灵的一次相遇，就是师生共同的话语的一种交集；课程就蕴藏在教育生活中，教师和学生都是课程的构建者、享用者、受益者！

父亲，是孩子心中的一座山

尊敬的家长朋友：

您好！很高兴再次通过写信的方式进行交流。写这封信前，我的心情很不平静，作为一个父亲，我刚刚面对了女儿的月考成绩。看着我女儿的试卷，我除了焦急、愤怒之外，更多了一份自责：女儿已经六年级了，我曾为她做过什么呢？我从来没有给她讲过一个故事，从来没有心平气和地为她辅导一次作业，从来没有有准备、有目的地和她谈过一次心，每当心有愧疚时，我就以"工作忙"来宽慰自己。可是不知不觉中，女儿长大了，就要小学毕业了，面对着她身上的一些缺点和不足，我竟然有了手足无措的感觉！但是，有一种想法我很坚定：我必须带着女儿走出目前的困境，因为我是她的父亲！有了这样的体会和教训，我便产生了和我们班 35 位父亲一起来聊聊的想法。

本学期，班级开辟了"1 分钟演讲"栏目。有一个星期的演讲主题是"我心中的父亲"。在推出这个主题时，我特地作了解释——之所以选择这个话题，是因为父亲就是一个硕大的根，孩子是这个根所生长出来的枝叶，他永远滋养着我们的精神。为什么说"父亲"，而不说"爸爸"？因为"父亲"体现着一份庄重严肃，更表达出我们的一份崇敬。一周下来，每个孩子都过了一遍，可是孩子们心中的父亲形象是怎样的呢？

——我的父亲喜欢打牌，经常吃完晚饭就出去，到夜里两三点才回家。当他输钱时，心情非常不好，我和妈妈都躲得远远的；当他回来，笑逐颜开，我们就知道他赢钱了，这时我无论要买什么，他都一一答应。

——我的父亲喜欢喝酒，肚子圆滚滚的，都喝成啤酒肚了！只要他一喝完酒，脸就涨得通红，满嘴酒气，说起话来像打开的水龙头，哗哗流个不完！说了一会儿，大概是累了，便倒头就睡，打呼声此起彼伏。

——我的父亲经常请朋友吃饭，一大帮朋友前呼后拥，父亲在前面领路，我只能跟在后面。开始吃饭了，父亲只顾敬酒，喝来喝去，再也想不起管我了。饭吃到最后，他总是拍拍提包，大声地说："今天我请客！"他在朋友的搀扶下歪扭着身子走出饭店，再也想不起他是带我一起来的。

——我的父亲喜欢抽烟，只要一吃完饭，一喝完茶，一打开电视，他就开始抽起烟来，吞云吐雾，客厅里、房间里都是香烟味！他的手指黄黄的，牙齿黄黄的，他走到哪里，身上都有一股浓浓的香烟味！

——我的父亲非常会做生意，每当工作上出了什么问题，他总是请来一大帮人进饭店吃饭，他给每个客人发一包"大中华"香烟，酒一喝完，什么问题都解决了！

当谈到父亲与自己的关系时，就是"非常关心我的学习"；当谈到父亲热爱工作时，就是"经常很早就出去了，晚上很晚才回家"。当然孩子在谈自己的父亲时，神色都是自豪的，因为在他们眼中，父亲的形象就应该是这样的！可是，在所有孩子的谈话中，没有谁提到父亲曾经和他的一次令人难忘的谈话，没有谁提到父亲和他在一起的欢乐时光，没有谁提到父亲曾经和他一起读过的一本书，更没有谁提到父亲留给他的难忘的一句话！父亲内涵在孩子们的心中不断"缩水"！作为父亲，我们都是尽职的，给孩子提供了丰厚的物质条件，给孩子选择了最好的学校。可是我们尽心了吗？想到自己还有一份滋养孩子心灵的崇高职守，想到自己还是孩子心中一座永远耸立的山峰，这比物质上的哺育更重要！

每当我们想到这些，心头自然会涌起一种崇高，肩头自然有了一份责任。父亲们，让我们从现在开始，一起努力去做：

——每星期和孩子作一次交流。谈谈各自的生活，谈谈各自的烦恼，谈谈各自对于未来的打算，让孩子理解自己的艰难，让自己了解孩子的心境，让自己和孩子都有一个明晰的前进目标。

——每星期阅读孩子的一篇作文。作文是孩子心灵的窗口，是孩子语文素养的综合体现，读读孩子的习作，不仅可以了解孩子的所思所想，还可以对孩子一个阶段的语文学习有一个整体性的把握。

——每星期陪孩子完成一次作业。坐在孩子身旁，可以看看报，可以读读书，可以随时回答孩子咨询的学习问题，这样让孩子感受到，在学习的征途中，自己并不孤单，父亲永远站在自己身后！

——每月和孩子参与一次活动。可以是郊游、劳动、访亲，也可以是手工制作、阅读。亲子活动不仅能为孩子创造丰富的写作资源，还可加深双方的感情，并给孩子留下一段美好的童年记忆。

——每学期带孩子旅行一次。在领略大自然的神奇、感受世界丰富与精彩的过程中拓宽孩子的眼界，丰厚孩子的见识，积累孩子的写作素材，提升孩子的人文素养。

或许这些还远远不够！作为父亲，我们给孩子的童年到底留下什么？我们在孩子的笔下到底留下怎样的文字？孩子长大后，是否有一两件关于父亲的事值得口笔相传，再影响自己的下一代？这是一个个需要我们父亲不断思考、不断实践的话题。让我们携手同行，在"父亲"这个人生角色和生命命题中，给出没有遗憾的答案！

愿我们都能做一个值得孩子尊敬的好父亲！

您真诚的朋友：吴勇

2007 年 11 月 16 日

该出手时就出手

江苏省"科学大众·快乐科学校园行"在我校悄然拉开帷幕，而我班恰恰安排了"魔法时刻"这个活动板块。《科学大众》小学版的首席编辑谢飞老师领着孩子们走进一个奇妙的"魔法世界"——"会飞翔的雪碧瓶""听话的小狗""会上升的水柱""会放电的金属球"……让孩子们眼睛发亮，小脸通红，在神奇的科学王国乐不可支，欲罢不能！

在午间阅读后，我便和孩子们聊起上午的活动，宁静的教室像点燃了一团篝火，一下子热乎起来，大家七嘴八舌地讲起印象最深刻的"魔法"。我趁热打铁，引导孩子们将自己最熟悉、最感兴趣的一个镜头写下来。教室里安静极了，不到半个小时，一篇篇精彩的文字便"应运而生"了！尽管我没有阅读，但是我相信，这样的写作是有效的、有质的！

不要以为只有习作课，才可以写作文；不要以为写作文就是写语文教材中规定的篇目。儿童的生活丰富多彩，每天都会有美丽的瞬间、奇异的场景出现，作为教师，如果不善于捕捉，儿童生命中许多精彩的时刻就会擦肩而过，成为湖面上自然扩散的涟漪，自生自灭，无声无息。我觉得——

只要儿童生活中有精彩的故事发生，我们就可以打破教学预设，竭力搭建一个言语交往的平台，引导儿童用言语表达经历，用言语与同伴分享其中的愉悦！

只要儿童有表达的欲望，我们就要创设表达的情景，不断为儿童的情感蓄势，当一切水到渠成时，便开渠放水，让儿童言语和情感自然流泻出来!

　　只要教学中有儿童写作的契机,我们就要不惜余力地牢牢抓住,捕捉儿童生活中可以共生的元素,开辟一条直通儿童言语和精神的路径,将儿童潜在的情思召唤出来,成为源源不断的写作力量!

　　在小学阶段,儿童写作没有规定的时间,只有瞬间的契机;儿童写作没有固定的操作模式,只要"逢山开道,遇水搭桥"的灵性和智慧。小学作文教学一个重要的使命就是唤醒儿童的写作意识,把握儿童言语生活中重要的写作时机,让沉睡在儿童精神世界的言语欲望、文化魅力、生活哲学都能转化成汩汩不断的语言文字,让写作成为儿童的一种生活方式,让写作成为童年生活的一种见证,让写作成为一个儿童成长的史记。

让"我"站立在文字中

阅读儿童的习作，发现为数不少的孩子在叙述过程中浮光掠影，缺乏具体的描写，譬如写《我的发现》一文，有一篇这样的习作：

> 我不小心把骨头掉在了地上，正要踢掉它，发现上面有蚂蚁，我这下子顽皮了。我捉了几只蚂蚁，装在一个盒子里，拿了几只蚂蚁往下摔，他们没死。我一定要查清楚。原来，蚂蚁的脚是自己的四倍，在摔下来时，四只脚在慢慢地移动，所以死不了。

寥寥几笔，就将发现的过程"搪塞"过去了，不但让读者茫然，而且事情本身也没有交代清楚。透过文字，我们看到的是一个模模糊糊的作者——他想做什么，他已经做了什么，他为什么去做，这些问题，我们从文字中无从知晓！因此，我们不能借助文字与作者对话，我们不能透过文字去了解作者，我们更不能通过文字来丰富自己。可见，一篇习作，没有"我"的存在，其分量就会大打折扣！

习作，是儿童自由心灵的歌唱。一行行文字，无不是儿童生命的律动：自然而清新，活泼而温润，文字的背后总是站立着一个天真可爱的身影，涌现出一张张鲜活生动的面庞。这里可能没有文学方式的渲染，有的只是质朴的叙述；这里可能没有复杂而紧张的情节，有的只是时而跳跃的断章。但是，一字一句无不显露着人性的本真，无不闪烁着动人的力量。文字魅力源自童性的真挚，源自一个真实的生命自然、自在、自主地表达。于是，我们便可以这样论断：一篇优秀的儿童习作，是一个儿童的精神在字里行间的站立！

首先，文字的主人公是"我"，文字记述的是自己真实的经历，是自己真切的发现，是自己的真情实感。人、景、物，一旦进入儿童世界，绝不是简单的文字再现，而是与儿童精神产生"化学反应"的"情语""景语"与"物语"，已经打上儿童文化的烙印。由于"我"的不同，同样的客观事物，在不同的儿童世界里有了丰富多彩的变化：一个"我"，就是一个世界，一个"我"，就是一片言语的天空！

其次，文字记述的是"我"的活动。所见所闻，所感所触，都是从"我"出发的，是"我"对世界的感知和把握。"我"的观察有多细致，"我"的文字就会有多具体、多细腻；"我"的认知有多深入，"我"的文字就会有多清楚、多真切；"我"的情感有多投入，"我"的文字就会有多动人、多有质感。"我"的经历的丰富程度决定着"我"的文字的饱满程度。一篇文字，映射的是一颗童心；一颗童心，照亮的是一篇文字！

让童心安静下来，潜入客观世界中，让感官与心灵真正与世界亲密接触；让文字安静下来，回到真实的儿童世界中，去细细描摹，用文字为自我创造一个精彩绚烂的精神世界！

让孩子成为爱写作的天使

　　享誉全美的教育畅销书《第56号教室的奇迹——让孩子变成爱学习的天使》的第四章是"写作"，我特别感兴趣。因为雷夫老师在写作教育上的系列做法，很对我的胃口。阅读中，我有了发现，我的发现与雷夫的异曲同工；阅读中，我有了成长，教学视野在无形中被拉长、增宽。

　　"我要他们善于写作，不是因为要考试，而是因为好的写作能力令他们终身受用：申请大学时派上用场，找工作时也派上用场。"[①]"童化作文"教学的最大宗旨就是为每个儿童孕育一颗饱满的"文心"，它追求的不是暂时的写作成果，而是为了培养未来有责任、有意识、有尊严的写作人。"童化作文"教学的始发点是"过去"——儿童的原点状态，即回归儿童生活，回归一个儿童所具有的文化属性；关注的是"现在"——儿童当下的生存状态，即关注儿童当下的即时性生活，关注儿童生命的运行轨迹；着眼的是"将来"——儿童未来发展的无限可能性，即孕育一个充满交往意识的写作人，一个用写作服务生活、改善生活、创造生活的现代人。正如周一贯先生对"童化作文"评述的那样："回归儿童生活，是尊重儿童；优化儿童作文，是发展儿童，提升儿童。"

　　"我会利用周末做一件我认为极为有效的事情：选择几篇作文，把批改之前的文字原封不动地打出来。在周一的早上，我请学生阅读上周交给我的这两三篇文章，当然，我会事先将作者的姓名删去，避免尴尬。

---

① 摘自《第56号教室的奇迹——让孩子变成爱学习的天使》第49页。

通过阅读同学的作品，他们开始懂得如何区分文章的优劣。在学期结束前，我带的五年级学生已经很少出现单词、语法或句型错误，甚至能巧妙运用不少细微的写作技巧。"①雷夫老师的做法，与"童化作文"的交往理念一脉相承。一方面，将儿童的习作置于交往的平台之上。接受美学的理念认为，只有通过阅读，习作才会转化为作品。在阅读中，习作原本的交往功能得以实现，写作者的意图正在接受同伴的检阅和评判；在阅读中，儿童的个体写作经验在同伴的作品中也得以自省和考量。另一方面，催化儿童的"读者意识"。写作为了什么？是为了与周围的世界进行交往。因此，别人读了自己的作品，能否清楚其中的内容，能否领悟自己的本意，这都是写作者在表达过程中应当考虑并努力实现的。阅读同伴的习作，其中的优点，会有意识地指导自身的写作实践，其中的缺点，会在自己的写作过程中竭力回避。五（3）班的博客写作，以及同学之间的相互评点，其背后的意图和效用显而易见，它的价值和意义雷夫老师和他的学生们在 56 号教室里已经为我们作了完美的演绎！

"'少年创作计划'的构想并不复杂。基本上，每个学生都有一年的时间来完成一本书，完成书籍的方式不止一种。"②"你可以提醒孩子们，莎士比亚、马克·吐温、塞万提斯也曾经是创作少年，你的学生在长大之后可能会写出广受世界各地读者喜欢的作品。"③说实话，这样"宏阔"的计划我从来没有敢去想过，因为"童化作文"教学的提出，不是为了培养少年作家，只是为了改善当下儿童困窘的写作状况，让他们亲近写作，喜欢写作，最终成为一个拥有基本写作技能和写作意识的未来公民。雷夫老师的经历，给了我更大的勇气，让我对"童化作文"有了更深刻、更开阔的理解——如果一个孩子从小就没有"写书"的意识，长大了怎么会成长为一个能写书的作家？我们能指导儿童读适宜的、整本的文学

---

① 摘自《第 56 号教室的奇迹——让孩子变成爱学习的天使》第 50 页。
② 同上，第 56 页。
③ 同上，第 57 页。

著作，为什么不能引导儿童尝试着去写一本属于自己的"著作"？不论长短，不论故事完整与否，不论情节合理与否，至少他们有了"书籍"的创作经历，至少他们从小有了写书的意识。"童化作文"教学一定要补上"写书"这一课，要通过儿童"写书"实践，让他们明白，"写书"并不难，他们也可以"写书"，现在写的是"薄书"，将来要写"厚书"；现在写的书只能在教室里传阅，将来写的书要放在书店里出售。"少年创作计划"应当尽快纳入教学日程。

雷夫，一个具有神奇力量的美国小学教师，他创造了美国教育的神话。回顾他的教学历程，一切都是那么平实，一切都是那么细微，但是无不体现着教育的真谛，无不穿透儿童的心灵。56号教室能创造奇迹，让每个儿童成为爱学习的天使，我想我也能让53号教室创造奇迹，让五（3）班的每个孩子成为爱写作的天使！

为孩子的文字由衷鼓掌

有一天晚上，上完夜课刚回到家，才端起饭碗，就接到小叶母亲的电话，她告诉我前天晚上投给《扬子晚报》的一篇习作《勇气之骑猪》，今天早上就发表了，激动之情溢于言表！的确，这是自己的孩子思想里生长的文字，这是第一次看到自己孩子的文字变成了铅字，没有理由不欢欣鼓舞！殊不知，小叶的博文能在一份发行量逾越百万的媒体上发表，就是她精心呵护、真诚赞赏的结果！

2011年九月，小叶从市区另一所学校转进我校，加之接二连三的"跳级"，年龄和个头明显比班上其他孩子小。可是，将近两个月来，小叶写的博客，无论是文字还是思想，都比其他孩子进步得快！我知道，他的母亲功不可没！孩子上传博客，母亲总是在一旁指点；孩子上学，母亲总是耐心地去阅读班级其他孩子的博客，发现自己孩子的不足！据她讲，通过阅读五（3）班博客群，她认识了小叶的许多同学；通过孩子的博客，和许多朋友找到了共同的教育话题。试想，一个这么关注、欣赏自己孩子文字的母亲，她孩子的文字焉能没有活力，岂能没有生长！

孩子才刚刚踏入五年级，就能用文字给自己创造一个美丽的空间，我们没有理由不关注，没有理由不佩服，没有理由不欣赏，没有理由不骄傲！尽管有些文字还磕磕巴巴，尽管有些语言还含糊不清，尽管有些语言还比较生硬，但是，如果我们每一个人都来关注它，都来呵护它，这些稚嫩的言语幼苗就会慢慢长高，渐渐伸出枝叶，逐步枝繁叶茂。到那时，你就会惊喜地发现：原来我的孩子也有写作天赋，原来我的孩子也可以写出这么精彩的文字！

关注孩子的文字，并不是越俎代庖，将大片原本属于孩子的文字划掉，换上自己的"完美""标准"的文字。如果这样，那孩子原本的言语自信一下子就被你的"关注"彻底摧毁了，原本饱满的言语欲望一下子就被你的"关注"抚平了，原本自然鲜活的话语方式一下子就被你的"关注"僵化了。关注孩子的文字，其实就是你真诚地去阅读孩子的文字，真诚地去发现孩子的文字，真诚地去理解孩子的文字，真诚地去赞赏孩子的文字！

在阅读中，你肯定会遇到很多"障碍"，甚至会丈二的和尚摸不着头脑，此时，你一定不要对孩子横加指责，因为这些"障碍"对他们来说根本就不是障碍，而是年龄和经验在他们言语和精神世界中留下的童年"密码"。透过这些言语"密码"，或许你还能找回你童年许多有趣的言语记忆！

在阅读中，你肯定会觉得很"简单"，觉得不过瘾，忍不住对着孩子指指点点。此时，你一定要克制，因为喜欢"简单"是每个儿童的天性——有几个孩子喜欢看情节曲折的戏剧？有几个孩子喜欢读总是找不到结尾的小说？有几个孩子喜欢玩操作复杂的游戏？因为他们的认知水平让他们变得这么简单，因为他们的言语水平使他们只能这样简单！随着年龄的增长，随着认知的深入，随着情感的丰盈，儿童言语和精神世界中的"简单"就会变得"不简单"，甚至让你觉得难以理解！

无论是教师还是家长，面对孩子的博客，面对孩子的一篇篇文字，我们需要的是关注，真诚地关注，坚持每天去阅读它，坚持每天去欣赏它。在你的欣赏中，孩子会体会到自身言语的价值；在你的欣赏中，孩子会不断地调整言语姿态，让你更加欣赏它；在你的欣赏中，孩子会不断获得力量，去创造更让你欣赏的言语奇迹！

让写作成为一生的习惯

　　新年临近，教学已经进入了期末复习阶段，博客写作自然暂且搁置，可是五（3）班还有几个孩子一如既往，博客上新作不断。甚至，其中的一个孩子家里没有电脑，每一次发博文都要大费周折。读着他们倔强而坚持的文字，我觉得这个寒冷的冬季充满了浓浓的暖意。

　　没有鲜明的写作目标，依然保持着言语表达的诉求，这也许是写作教学最高的境界。因为写作意识已经融入血液，形成自动、自如、自由的行为状态，这是一个人内在的"文心"使然。这才是写作教学应当追求的最大目标。

　　著名的语文教育家于漪先生说："基础教育是伴随人终生的，它教的是知识的核，你错了，有的时候学生改不过来就错终生。"我觉得这里的"错"不仅包括知识，还包括教学方法。小学阶段是一个人写作的起步阶段，我们的习作教学到底教给儿童什么，到底应该怎么教，这对一个人终生的写作素养形成至关重要。可是，我们的许多教师把大量的经历花在写作知识和技能的传授上，花在一类习作的反复训练上，而置儿童丰富的言语感性于不顾，置儿童天然的言语发生机制于不顾，让机械、枯燥、明确的"作文"贯穿于整个小学教学阶段，让写作这项与其天性一脉相承的创造性、游戏性活动变得索然无味，成为每个儿童心灵上不堪承受的重负！试想，如果我们在开始时就走错了路，从而导致儿童对写作产生负面心理定势，"将来就不是从零开始的问题，即使日后付出加倍的努力，也未必能够奏效"（王尚文语）。甚至会让一些儿童在言语表达方面形成终生的遗憾。

所以，我觉得小学写作教学有两个最基本，也是最重要的目标：一是为每个孩子守护一颗"童心"，这是一个人言语生长的源泉，只要有"童心"，就会有精彩的故事，只要有"童心"，就会有幸福的童年生活；二是为每个孩子孕育一颗饱满的"文心"，这是一个人用写作方式进行交往的习惯，只要有"文心"，写作就会生生不息，就会成为一种改善自我、服务社会、创造生活的手段。因此，小学里的习作教学，我们只求儿童有写作的兴趣，不能苛求一个孩子像作家一样观察生活；我们只求儿童能够掌握基本的言语技能，不能苛求一个孩子像艺术家那样有技巧、有智慧地精彩表达；我们只求孩子能够真诚、质朴地表达，不能苛求一个孩子"源于生活，高于生活"地创造性表达；我们只求儿童能自然地表达自己的生活和感受，不能苛求一个孩子为了一个功利性目标生成性地去表达。只有坚守现在的"小作为"，才会确保将来的持续不断的"大作为"。

苏霍姆林斯基说："如果缺乏科学远见，如果不善于今天就在儿童和少年的心中撒下数十年后会发芽成长的种子，教育就变成一种最原始的照料，教育者也就成为没有文化的保姆，而教育学就会成为一种巫医术。"作为引领儿童走上写作之旅的习作教学，究竟重在儿童当下现实的言语层面的"写作成果"，还是重在培塑他们心灵层面的言语习惯、言语意识、言语责任，真是一个问题，也是一种着眼长远的教学选择！让我们的习作教学都来做"根"的事业，让每一个儿童都能携带一颗饱满的"文心"上路，这才是习作教学的"人间正道"，这才是一名语文教师的"科学远见"！

相由心生

　　今天的习作课，全班孩子先做了一次体验活动。我让他们分别蒙上眼睛，扶着墙壁走向厕所。开始孩子们嘻嘻哈哈，觉得十分好奇，十分好玩！可是当眼睛被蒙上，磕磕绊绊地上路时，惊叫声不断：有的孩子不小心摔倒了，将后面的孩子也绊倒了；有的孩子摸错了方向，南辕北辙；有的孩子原地打转，不知道路在何方；有的孩子干脆抱着走廊上的柱子，原地不动。

　　几分钟过后，大家去掉蒙在眼睛上的红领巾，一路欢叫着回到了教室。我首先让他们谈谈自己的感受：孩子们纷纷举起了小手，七嘴八舌地议论开了——

　　"蒙上眼睛真的很恐惧，我不知道脚向什么地方迈！"

　　"本来我数好柱子的个数的，可是被前面的同学一撞，一下子迷失了方向！"

　　"我幸亏抓住了老师的手，否则我一步也不敢向前走！"

　　"我摸着摸着，突然听到了姚老师的声音，坏了，我已经超过了厕所，快走进英语老师办公室了！"

　　还有许多孩子在举手，他们的言语像打开的闸门，滔滔不绝！是呀，他们刚刚才从光明的世界跌入到无边的黑暗之中，一路摸索，一路碰撞，一路误会，让他们的内心一下子蓄满了千言万语。此时此刻，让他们走向写作，应当是正逢其时，恰到好处！

儿童不会写作，不是因为他们不懂得写作技巧，不知道如何用文字表达情感，而是他们心中对写作对象一无所知，或者从未亲身体验过。因此，要解决儿童会写、能写、愿写的问题，关键在于丰富他们的内心体验。

要状某物，必须了解此物，反复观察此物，从外形到内在结构，耳熟能详。当然，前提是儿童对物件本身充满强烈的好奇心。

要写某景，必须亲自游历过，并对景物中的有些细节如数家珍，并且还发生过与此景相关的故事。

要叙某事，必须亲眼所见，亲耳所闻，亲身所历，在此过程中伴有强烈的情感体验。

没有由外到内物象的刺激，就不会有由内到外的情趣滋长；如果没有身体之中的感官触摸，就不会有心灵之上的情感升腾；如果没有内心世界的丰富润泽，就不会有言语上的自然恣意。所以我的习作教学，在发生前，必是儿童心灵的丰盈和激荡，可以来自具体的情境召唤，还可以来自现场的活动体验。

当然，在习作教学中，还存在着"重复体验"和"伪体验"的现状。

先说"重复体验"。儿童的内心世界中早已蓄积丰富的生活体验，只不过处于"蛰伏"状态。而我们教师不去召唤，却在课堂上大张旗鼓地"制造生活"，并带领儿童重新回到过去的生活状态之中，结果花了很多时间，换来的却是漂浮在儿童肌肤之上的体验。

再说"伪体验"。在当下的习作课堂中，不少教师用言语引领儿童进行"模拟体验"，譬如如果你在现场，你会怎么样呢？譬如你就是某某，你会怎么说，怎么做呢？这样的"譬如式体验"非常"经济"，非常"适用"，在经历一系列师生的对话后，教师的体验渐渐转化成儿童的"体验"。殊不知，这样的"模拟体验"正是儿童习作中的假话、大话、套话之源！

要让儿童真写作，就一定要让他们有真切的感受与体验；要让儿童的写作发乎心灵，就一定要从丰富他们的心灵开始！朱光潜在《谈文学》一书中说："一个作家如果信赖他的生糙的情感，让它'自然流露'，结果会像一个掘石匠而不能像一个雕塑家。雕塑家的任务在把一块顽石雕成一个石像，这就是说，给那块顽石一个完整的形式，一条幽灵有肉的生命！"我们到底要让儿童做一个"雕塑家"还是"掘石匠"呢？我们到底要让儿童的习作成为一个粗糙的石像还是一个鲜活的生命呢？

为什么提倡孩子写博客

刚刚开学，我在所任教的五（3）班大力倡导有条件的孩子将自己的习作发在博客上。开学至今，已经有大半的孩子在陆续跟进，不少博客点击量已经超过五百。孩子的习作已经写在稿纸上了，为什么还要发到博客上？其间，孩子要经历建立博客、输入文稿、网络操作等过程，费时费力，无疑增加孩子的学业负担。我想不少家长或多或少有这样的疑虑，只是碍于情面，不好意思与老师计较罢了！

孩子从小学三年级就开始学习写作，还有不少孩子有过参加各种写作辅导班的经历，对写作文已经不陌生了，但是"写作是什么""写作为了什么"，这些问题他们未必很清楚。写作对于他们来说，或许就是一次课时作业。其实，写作的本意是用言语进行交往，是人与人、人与世界沟通的一种重要的手段。可是在当下的中小学写作教学中，写作的本意并没有得到很好的凸显，而是演化成培养写作技能的一种生硬而僵化的训练，枯燥而累心。在训练中，儿童离写作的距离不是越来越近，而是渐行渐远！

孩子为什么感受不到写作的快乐？一个重要的原因就是他们的言语作品（习作）从来得不到应有的尊重和鼓励。他们在教师的指导下完成一篇习作，唯一的读者就是教师。教师将每一个孩子辛辛苦苦"创作"出来的文字，不是陈列在最醒目的位置进行展示，而是放置在一个言语"手术台"上条分缕析地进行苛刻的解剖，一篇对于儿童来说竭尽心智完成的习作，在教师的"手术刀"下已是满目疮痍，伤痕累累。写一次作文，孩子的言语自信就遭遇到一次沉重的摧毁！原本孩子是会写的、想写的，教师的评价让孩子面对写作无从下笔了，甚至谈写色变了！即使有不少孩子愿意写作，觉得自己已经"适应"了写作，可是笔下流淌出来的不是属于自己的本真文字，取而代之的是成人的思维套路，缺失童年生命力的言语堆砌，缺少了应有的活泼与灵动。

习作教学一个重要的使命就是让每一个孩子充分展示自己的言语。即使他们的言语中有些语病，有些地方说不具体，写不明白，但是对于这个孩子来说，这是世界上最美的创造！对于他们的创造不要挑剔，不要审视，而是要满怀期待的目光，给予真诚的欣赏，无限相信他们的言语水平会一天天地成长。要搭建一个公共平台，将孩子们的习作充分呈现在同伴的面前，无限相信他们会在一天天的比较和发现中，慢慢调整自己的表达方式和姿态，渐渐提升自己的表达智慧。这样的结果，我们需要等待，就像在等待一朵花儿的绽放；这样的效果，我们可以发现，从孩子的内心流露出来的表达自信！

让儿童展示自我言语的方式很多，最原始的就是将他们的习作贴在班级的墙壁上。不过贴上去容易，剥下来就难了，同时也不方便同学和老师进行即时评点。此时为每一个有条件的孩子建立博客，就不失为一种最经济、最便捷的方式：

一是为每一个儿童建立一个固定的言语家园。只要有表达的契机，只要有倾诉的欲望，就会在自己的言语空间里自由流泻，不拘内容，不拘形式，博客在不知不觉中成为记录每个孩子童年丰富多彩、酸甜苦辣生活的"史记"。

二是让每一个儿童感受到自己言语的成长。当今天去读昨天的博客，昨天去读前天的博客时，就会发现，今天自己比昨天进步了，昨天自己比前天进步了！博客在不经意间成了一个自然的拾级而上的言语阶梯。

三是让每一个儿童每天都有新的发现。读自己的博客，欣赏的是自己的生活；读同学的博客，发现的是别人的精彩。在博客中建立好友圈，就是在与每一个伙伴分享快乐，共担苦恼。一天天的发现，其实就是一天天的体验，一天天的辨别，一天天的比较，一天天的审美！一个人的童年世界渐渐演化为一个群体的童年现象。

后记　我把习作播种在学生的心田里

儿时的我，在大人眼里是一个"坐没有坐相，走没有走相"的淘孩子，当年犯下的"错"，至今还让村里人津津乐道：夏夜，去偷邻家的梨，被狗追咬；和表弟偷偷溜进小河，差点丢了命；放学贪玩丢了书包，吓得躲在麦地里不敢回家；躲在庄稼地里，贪吃青蚕豆而逃学……这自由而烂漫的童年，这一串串的精彩故事，却从没有在童年的习作本上留下只言片语。

没有故事的童年肯定是寂寞的，没有文字陪伴的童年必然是喧嚣的。尽管那时也写"作文"，可是没有老师允许我们写这些"荒唐事"，也没有人提醒我这些故事可以转化成文字。在懵懂中，我与文字中的童年擦肩而过。后来，我成为一名小学语文教师，发誓不再让我的学生留下这样的遗憾，从当初的"作文系列训练"，到后来的"生活作文"，再到如今的"童化作文"，我求索的脚步一刻都没有停歇过。

在知识、生活、儿童的轮回中，在童话、活动、游戏的感召下，我渐渐触摸到通往儿童言语和精神世界的路径。于是，一扇扇清亮、纯净的童心之门正在向我慢慢敞开，一次次自然、动感的写作之旅正在向孩子们走来。

咱们班的"风筝节"

"儿童散学归来早，忙趁东风放纸鸢。"正在进行古诗《村居》的教学。清脆的童声让教室变得开阔起来，孩子们仿佛置身在绿草如茵的旷野上，举着风筝奔跑着，嬉笑着……临近下课，我宣布了一个临时决定："下周我们班要举办一个'风筝节'。请大家收集风筝的资料，班级将举行'风筝文化发布会'；为自己的风筝取一个美丽的名字，并撰写一份解说词，我们将搭建'风筝展示台'；学习放风筝的技巧，我们将在操场上举行'放风筝活动'。"教室里一片欢呼！

星期一的早上，孩子们带来了五颜六色、形态各异的风筝。我将这些风筝都挂在教室四周的墙壁上，教室里成了一个风筝大世界。黑板上，在"蜻蜓"和"斑点狗"两只风筝的簇拥下，"风筝文化发布会"几个大字特别引人注目。孩子们纷纷走上讲台，有的捧着一本书，有的拿着几张图片，有的夹着一叠厚厚的打印材料，从容地介绍起自己收集到的资料。此时，萦绕在他们心头的不仅仅是一只只翩翩起舞的风筝，更是一行行有滋有味的民族文化印记。

在五彩斑斓的风筝映衬下，孩子们的一张张笑脸更加可爱。教学随之进入了第二个板块——"风筝展示台"。孩子们走到自己的风筝旁，自豪地介绍起来，他们仿佛在为一个即将诞生的"新生命"谱写赞歌。

我的风筝叫"快乐狗 go"，因为今年是狗年，所以我特地挑了一个有狗的风筝。你们瞧，橙色的背景足以体现出这群小狗生活得很快乐，也很温馨。仔细看过去，翅膀上这些小狗都是可爱的斑点狗，有的蹲着，伸着鲜红的舌头；有的高翘着尾巴，似乎在迎接主人的归来；有的扑在球上，仔细端详着这个圆溜溜的"怪物"呢。我给小狗们取了名字，一只叫"旺旺"，一只叫"旺仔"，另一只则叫"旺财"，够酷的吧！风筝左右两翼上的图案一模一样，好像一边是镜子，另一边的小狗在照着镜子，炫耀着自己的可爱呢！

……

一只只富有个性的风筝，在孩子们充满激情、富有诗意的话语中复活了，成为一个个鲜活的生命体，孩子们解说的似乎不是风筝，而是他们自己。最后通过小组推荐、举手表决，评出了最美丽的风筝——"绚彩号飞行者"，最有魅力的风筝——"快乐狗 go"，最有创意的风筝——"京剧脸谱"。获奖者举着自己的作品欢呼雀跃。此时，教室里成了欢乐的海洋！

一个阳光明媚的下午，我和孩子们带着风筝来到学校的大草坪上。孩子们尽情展示自己放风筝的高超技艺，一会儿工夫，花花绿绿的风筝把校园的上空点缀得生机勃勃，沉睡一冬的校园似乎在孩子们的欢呼声中苏醒了！一个小时很快就过去了，孩子们依依不舍地从蓝天上拽回了自己的风筝。回到教室，大家还意犹未尽，七嘴八舌地交流着自己的快乐。

师：在今天的放风筝活动中，什么地方让你最开心？

生：我学会了放风筝，我第一次把自己的风筝送上了蓝天。

生：我的"绚彩号飞行者"在空中和高松的"飞天蜈蚣"打起架来，结果都从天上摔下来，特别有趣！

生：我的"原色战机"飞得最高，飞行的时间最长，受到大家的称赞最多！

师：我觉得今天真是一个令人开心的好日子，让我们拿起笔来，把自己快乐的心情释放在笔下吧！

当天的夜课上，孩子们陆续完成了习作，看看他们的题目，特别有意思——《"筝"飞斗艳》《我飞啦》《飞行日志》《我"鹞"飞翔》《一飞冲天》……读着这一篇篇生动活泼的文字，我的心也跟着飞翔起来！

"月亮诗会"

又一个中秋节到了，当时还没有传统节日"小长假"。作为全托班的教师，我义不容辞地与孩子们一起过中秋节。皓月当空，我们静静围坐在碧绿的草坪上，用幽雅的诗歌连接起天地与古今之间的无限情思。

"孩子们，月亮在古人眼里是什么？请用一首首古诗告诉我们吧！"孩子们早已作好了准备，一个个跃跃欲试。"少时不识月，呼作白玉盘""明月几时有，把酒问青天""海上生明月，天涯共此时""举头望明月，低头思故乡"……琅琅的吟诵，让这个中秋之夜的月色变得更加澄明。"我知道了，月亮在古人心中是家乡！""是团圆！""还是一种思念！"孩子们似乎咂出了诗中味道，一股浓郁的月文化悄然荡漾在心间。

"那么月亮在我们孩子眼中又是什么呢？从一首首儿童诗中，就可以找到属于你的那一份情感！"话音刚落，一阵脆亮而甜蜜的童音再次响起：

中秋节／天，蓝蓝的／风，轻轻的／月亮，亮亮的／月饼，圆圆的／孩子的脸，花儿似的／孩子的心，甜甜的（《中秋》）

我做了一个捉月亮的网／今晚就要外出捕猎／我要飞跑着把它抛向天空／一定要套住那轮巨大的明月……（《捉月亮的网》）

月亮挂在天空／照耀着每块地方／月亮照在水上／河水生出了月亮／／月亮照在房顶上／房顶闪着金光／／月光照在人们心里／一切痛苦与烦恼都会淡忘（《当月亮照到的地方》）

孩子们声情并茂、此起彼落的吟诵，让月亮有了温度，让月亮有了情感，让月亮也有了趣味。一轮明月正从孩子们的心田爬上来！"孩子们，此时此刻，月亮在你们心中是什么呢？"

"月亮是连接我和妈妈的电话！"

"月亮是远在青岛的爸爸亲切的笑脸！"

"月亮是一艘能将我带向远方的白帆！"

"月亮是一篇美丽的童话故事！"

……

孩子们的心与月亮贴得更紧了，在月光的沐浴下，在诗歌的感染下，一颗颗晶莹闪亮的童心正在升腾，并向着皎洁的月亮悠悠地飘飞！

看到月亮／我想到一块月饼／满嘴都甜滋滋的∥看到月亮／我想到一艘小白帆／带着我的梦想／漂向远方∥看到月亮／我想到妈妈的笑脸／无论天多黑／我也不会感到孤单（陈非凡《看到月亮》）

月亮是电话／一头连着我／一头连着妈妈∥月亮／今天我很快乐／告诉妈妈／我特别爱她∥月亮／今天我很悲伤／告诉妈妈／我特别想她（施海梦《月亮是电话》）

黄黄的月亮／是他乡爸爸的脸／忙碌的工地／累得他头昏脑胀／愁得他饱经风霜∥黄黄的月亮／是他乡爸爸的脸／思念家乡／思念亲人／让他变得日益憔悴∥快回家吧／爸爸／愿我心中的月亮／早日变成你的笑脸（赵俊杰《月亮是爸爸的脸》）

每一个儿童都是天生的诗人，当我们调动起孩子心中最美好的情感，让他们置身于这诗一般的境界时，他们的心田就会自然流淌出诗一般的语言。对于孩子，这是一个特别的中秋节，因为他们在美丽的言语中与月亮有了一次心灵的约会，一份悄然生长的古典情怀也从此留驻在心间。

"校猫"传奇

"喵——喵——"，一只灰褐色的猫探出了脑袋，旁若无人地走过课桌间的过道，来到教室后面的书吧里，舒服地眯起了眼睛。教室里波澜不惊，语文课也按部就班地进行。

校园地处城乡结合部，占地面积很大，这里常年生活着一群野猫。它们不知来自何方，时常穿梭在教学楼之间，草坪上，灌木丛中，宿舍楼下，与孩子们朝夕相处，对于它们的出现，孩子们早已习以为常，并戏称它们是"校猫"。

当时，杨红樱的《笑猫日记》正在班级里热读，那只塔顶上特立独行的"虎皮猫"一下子占据了孩子们的心，课间常常把它挂在嘴边。也正是这个时候，孩子们对"校猫"多了一份关注：每当路过学校的十二层综合楼，总是将目光向上看，希望突然发现楼顶也生活着一只"虎皮猫"；课间，时常悄悄地跟着它们，想了解一下"校猫"的生活情况与活动规律。

可是事与愿违，猫是很敏感的动物，特别是野猫，更不易与人相处。孩子们越想亲近它们，它们就跑得越快，躲得越远。于是不断有孩子问我：

"老师，这些'校猫'怎么会生活在我们的校园里？"

"你说这些'校猫'每天都住在什么地方呀？都吃些什么呀？"

"我数了数，这群'校猫'有十几只，它们是不是一家子？"

"播放英语听力时，我总看见有一只猫蹲在门口，它是不是也想学习英语？"

孩子们对"校猫"世界充满了好奇和幻想，这是他们血液中的文化天性在起着作用。正如苏霍姆林斯基所言："没有童话，没有活跃的想象，孩子就无法生活；没有童话，周围的世界对于他们来说虽然是美的却是画在画布上的画了；童话却能赋予这幅画以生命。"看来只有借助"童话"来填补孩子们心中的那份疑问和缺憾了。

——这群猫是因为什么来到我们校园里的呢？

——来到了校园，"校猫"的生活会发生怎样的变化呢？

——当我们每天忙于学业时，这些猫又在忙些什么呢？

——每个同学都有不同的个性，猫们或许也是这样，想一想这些"校猫"各有怎样的性情。

每一个问题，都能将孩子们的想象引入一个陌生的天地。在这个天地里，孩子们成了一只只自由而神秘的"校猫"，它们尽情地用言语编织着属于自己的"童话"。一周后，一篇篇妙趣横生的故事在孩子们的笔下诞生了，有好学的《猫博士》，有行侠仗义的《猫侠》；有向往人类生活的《"校猫"变形记》，有忠于职守的《猫管家》……大多数习作都有近千字，尽管文字上还有些粗糙，尽管讲述故事时还缺乏写作技巧，但是每一篇文字背后都闪烁着一双调皮可爱的眼睛，每一篇文字后面都长着一双隐形的翅膀。最后，我将孩子们创作的童话故事装订成一本文集，取名为《"校猫"传奇》。

"校猫"依然在孩子们的视野里自在地生活着，依然不时地给孩子们的课堂、课余生活增添花絮，它们已经成了孩子们心中的"精灵"，不断地在童心里生长新的故事。我想，《校猫传奇》还会有续集，甚至第三集、第四集……

趣事"进行曲"

出差回来，走进教室，孩子们笑靥如花，神情间抑制不住言说的冲动。"离开大家一个星期了，班里一定有许多新鲜事，赶紧说说吧！"一时间，教室里洋溢着快活的空气！

"高老师给我们代语文课，学完《半截蜡烛》，他让我们自编、自导、自演课本剧，可有意思了！"

"老师，在数学课上，施佳回答卞老师的提问，徐阳阳用脚轻轻将她的椅子移到了旁边，结果施佳一屁股坐下去，重重地摔在地上……"

"上完体育课，曹嘉诚将上衣斜穿在身上当袈裟，把拖把倒立起来做禅杖，自称'花和尚鲁智深'，走到倪佳凯面前，弯腰抱住他的身子，说要'倒拔垂杨柳'，结果倪佳凯轻轻一抖，曹嘉诚就摔在了地上！"

"陈非凡在英语课上突然大叫一声，大家转头一看，只见他满嘴墨水，手里握着一支钢笔。原来他平时上课喜欢咬笔杆，可是今天不知哪儿出了岔子，送到嘴里的不是笔杆，而是刚刚吸满水的钢笔尖！"

快乐的情感相互感染，不断扩散，孩子们的言语闸门渐渐被打开了，话语像涌动的激流势不可当，不时掀起一朵朵美丽的浪花。这热火朝天的势头，我始料未及，决定顺风顺水，借船出海。"可惜呀，这么开心的事情，只有我一个人知道！如果大家将这些鲜活的故事写下来，一个人的快乐就会成为大家的快乐！"孩子们没有想到自己的这些"家常事"也这么吸引人，没有想到自己的"小把戏"也可以写进习作里。于是，用文字来编织自己的故事已然水到渠成。

刚刚写完教室里的趣事，孩子们意犹未尽，仍追着我说："老师，写我们宿舍吧，这里天天都有新故事！""老师，还有餐厅，那里的故事可多了，今天中午……"孩子们的写作热情空前高涨，我觉得应该趁热打铁，将"趣事"进行到底！随之，一鼓作气开发出"趣事"写作系列：

系　列	具有代表性的优秀习作
餐厅趣事	《王氏蛋炒饭》《嘴巴机关枪》《香蕉地雷》
校车趣事	《抢座位》《尴尬的插嘴》《发箍"躲猫猫"》《四爪朝天》
路队趣事	《踩影子》《冤家路窄》《踩鞋带》《站岗风波》
宿舍趣事	《夜半铃声》《扮"鬼"》《个人演唱会》
家庭趣事	《车库急救》《尿凳子》《脸上的鸡屎》《捉鬼记》

有孩子的地方就有笑声，有孩子的地方就有故事。教室里的追逐、楼道里的游戏、草丛里的寻觅、雨中的球赛、队伍中的私语、自习课上的哄笑……童年的生活就是这样毫无预设、漫不经心地发生着、进行着、

消逝着。如果我们的习作教学从孩子身边的"小处"着眼，引导每个孩子"向己看"，习作教学就会情趣盎然，让每个儿童乐此不疲。同时，孩子们在写作过程中情不自禁地对自己的生活、对周围的世界多了一份关注，多了一份敏感，多了一份细腻。

"法尔布"的故事

教学《装满昆虫的衣袋》一课，我请小叶朗读课文。"著名的昆虫学家法尔布出生在法国。""是法布尔！"同桌小声地提醒他。小叶继续往下读："法尔布从小就对小虫子非常着迷……"教室里有了笑声，大家不约而同地告诉他："是法布尔！"小叶搔了搔头，显得有些尴尬，"三天前，法尔布就告诉她，花丛里经常……"教室里的笑声更大了，小叶也不由得跟着笑起来！"记住了，你是'法尔布'，课文中的昆虫学家叫'法布尔'！"我和他也开起了玩笑，小叶若有所悟地点点头，果然，接下去的朗读一次也没有读错过，可是"法尔布"的美名却不胫而走。

小叶是这学期才转进我们五（3）班的，因为上学早，又连跳了两级，所以个头比班上最矮的女生还要低半头。他是天生的"自来熟"，一来二去，就和大家打成了一片；几个星期下来，便遭到不少孩子的"投诉"；几个月下来，关于他的"经典故事"便俯拾皆是了。真是"天上掉下个林妹妹"，一个习作教学计划便在我心头酝酿开来。

星期四的习作课，我刚走进教室，小叶便大叫起来："吴老师，今天我们写什么？"我当即给出答案："今天就写叶博宇！"全班孩子都笑了，以为我在开玩笑。我转头便在黑板上写下了文题——"五（3）的'人物谱'之叶博宇的故事"。台下不少孩子忍不住欢呼起来："噢，这个题目真好写！"可是小叶却成了"霜打的茄子"，一脸苦涩！他知道，今天的写作也许会变成他的"文字批斗会"！

我继续说："咱们班大多同学从一年级开始就做同班同学了，大伙儿在一起已经生活了四年多，无论提到谁，都应该耳熟能详！离毕业还有一年多，在这段时间内，我准备让你们为全班每一个同学写一篇文章，毕业时，五（3）班的每个人都能带着全班同学为你写的'书'离开母校，等你们长大后再来读读这本'书'，一定会勾起你许多美好的回忆！今天我们先从叶博宇同学开始写，因为他到咱们班时间最短，身上的故事最新鲜！说说看，你们准备写些什么？"

生：我想写写"法尔布"这个名字的由来。

生：只要谁说叶博宇的坏话，他都会说"切——"，我就写写他的口头禅吧。

生：叶博宇吃饭时不用筷子，喜欢直接用手抓，我就写他的"吃相"吧。

师：叶博宇是我们的同学，我们不能仅仅看到他"可气"的一面，更要看到他"可爱"的一面，要知道，正是因为他的可爱，五（3）班才会有那么多笑声！所以，我们写这篇习作时，要从"善处"着眼，将一个既调皮又可爱的叶博宇栩栩如生地展现出来，好吗？

我的一番话，让小叶如释重负："老师，今天我写什么呀？""就写你自己，把你最真实的想法告诉大家。要注意，你的文章将放在书中的第一页，作为序言，一定要写好哦！"小叶使劲地点着头。

【精彩片段一】开学第一天，全班正处在一个"菜市场"状态。"咯吱"一声，教室的门被推开了。只见一个矮小的身影出现在我们的视线里，他大摇大摆地走了进来，随即找了一个座位，毫不客气地坐了上去。我走了过去，指了指门口的牌子说："小弟弟，你看清楚，这里是五年级三班！"叶博宇把书包一放，把手一插，神气地说："有志不在个子高嘛，本人可是跳级过来的，你不信，可以出题考我嘛！"（陈小婷）

【精彩片段二】叶博宇从桌肚里大大咧咧地抽出几张废纸，用力撕了起来，嘴里还嘀咕着："我撕，我撕，我撕撕撕……"我苦思冥想了大半天，不知道他葫芦里卖的是什么药。紧接着，叶博宇饶有兴致地把自己撕的碎片，搓成一粒一粒的，如同米粒一般大小。一切准备就绪，他搓了搓手，长长地呵了一口气，轻轻地说："欧耶，大功告成！我要来一个'天男散花'！"我恍然大悟！只见，他手托纸片，双目紧闭，仿佛自己已经腾云驾雾，翱翔在蓝天白云之间……（杨亦安）

看得出，这次习作非常成功，当晚我就接到了小叶妈妈的电话，她说我做了一件非常有意义的事情，她已经将班级博客上同学们写他儿子的博文全部下载了，她要为儿子编写人生的第一本书！

从小叶开始，班级的"人物谱"写作拉开了序幕，下面紧接着的便是"张轶杰的故事""陆星播的故事""朱加安的故事"……我想，每一个故事的开始，就意味着一个孩子在一段时间内成为全班同学关注的焦点；每一个故事的结束，就象征着一个孩子的一段童年历史已经告一段落。

我一直以为，写作是心灵之内的生长，决不能成为身体之外的附加。因此，"童化作文"最重要的教学路径就是为每一个儿童创造适合言语和精神生长的环境，最大的目标就是为每一个儿童孕育一颗饱满而自在的"文心"。在走向儿童的心灵和生活教学进程中，我的童年也渐渐地复活了，一股绿盈盈的文字正在心田里破土而出，茁壮生长……